CONFÉRENCE PROUDHON

PRÉSIDENCE DE M. LA PLACE

Professeur de droit commercial, Chevalier de la Légion d'honneur

---

UN

CONTEMPORAIN DE D'AGUESSEAU

ÉTUDE SUR LE PRÉSIDENT BOUHIER

DISCOURS

PRONONCÉ A LA SÉANCE DE RENTRÉE

Le 18 décembre 1868

PAR

ANTOINE ROBERT

Docteur en droit, Avocat à la Cour impériale

« ... Nous nous rassemblions avec un extrême plaisir,
« jeunes, pleins de la première ardeur de savoir, fort
« unis et, ce que nous ne comptions peut-être pas alors
« pour un assez grand bien, peu connus... »

FONTENELLE (cité par M. Sainte-Beuve. *Causeries*, t. XV, p. 251).

DIJON

J.-E. RABUTOT, IMPRIMEUR-ÉDITEUR

place Saint-Jean, 1 et 3.

1869

A LA MÉMOIRE

DE

M. TH. NEUVILLE

Professeur de Code Napoléon à la Faculté de droit de Dijon

FONDATEUR DE LA CONFÉRENCE PROUDHON

UN

CONTEMPORAIN DE D'AGUESSEAU

—

ÉTUDE SUR

LE PRÉSIDENT BOUHIER (1)

Messieurs,

Parmi tous ces volumes, qui forment autour de nous comme un rempart de science contre les bruits du dehors (2), vous apercevez peut-être deux énormes in-folio, avec ce titre modeste : *Observations sur la coutume de Bourgogne.*

C'est de l'auteur de ce livre que je veux vous parler.

J'ai nommé la *coutume de Bourgogne,* c'est-à-dire le droit de nos pères, la loi qui régissait ce pays, il y a moins d'un siècle. Combien d'entre nous l'ont seulement parcourue ?

Chose étrange ! Messieurs, — nous connaissons la loi des XII tables, et jamais nous n'avons ouvert notre coutume nationale ! — Nous construisons des théories sur les *gentes* de la vieille Rome, nous essayons de pénétrer la procédure des interdits, nous discutons les huit ou dix systèmes par lesquels on a, très savamment, mais assez vainement tenté d'expliquer le fameux *unus casus* des Ins-

(1) Une partie de cette étude a été publiée dans *la Bourgogne, Revue provinciale*, paraissant à Dijon.

(2) La confér. Proudhon se réunit dans la bibliothèque de l'École de Droit.

tituts (1). Et nous ignorons quel était le droit de ce pays il y a cent ans ! — Les mots de fief, franc-alleu, mainmorte, etc., ne nous rappellent que des souvenirs vagues et confus, — et sur l'organisation judiciaire de notre ancienne France, nous n'avons que les notions indécises des livres d'histoire (2).

Il y a là, Messieurs, une lacune dans nos études de doctorat, — lacune regrettable, aussi bien au point de vue juridique, pour l'explication du Code Napoléon (3), qu'au point de vue historique, pour l'intelligence du passé. — Je me hâte de le dire, nos professeurs sont les premiers à la déplorer.

J'aimerais à la combler avec vous, Messieurs, en parcourant les 138 articles de la coutume de Bourgogne, — témoins originaux et trop peu interrogés de notre histoire. Mais la tâche que je me suis imposée est plus modeste et convient mieux à mes forces.

Avant d'étudier notre coutume, j'ai voulu connaître le plus illustre de ses commentateurs.

J'étais curieux de voir de près ce magistrat, que d'Aguesseau estimait : « *un des plus éclairés du royaume* (4), »— ce jurisconsulte, qu'on a placé même au-dessus

(1) Liv. IV. Tit. VI, § 2, in fine.

(2) Il y a trente-cinq ans, un jeune homme enlevé prématurément à la science, Henri Klimrath, signalait déjà cet état de choses et l'appelait un « *étrange phénomène.* » [Disc. d'ouverture d'un cours libre d'hist. du droit franç. V. *Rev. de lég.*, t. XVIII, 2e, p. 136.] — Aujourd'hui, qu'y a-t-il de changé ? — Rien.

(3) « Dans le nombre de nos coutumes, disaient les rédacteurs du Code Nap., il en est, sans doute, qui portent l'empreinte de notre première barbarie ; mais il en est aussi qui font honneur à la sagesse de nos pères, qui ont formé le caractère national et qui sont dignes des meilleurs temps. Nous n'avons renoncé qu'à celles dont l'esprit a disparu devant un autre esprit..... Nous avons fait, s'il est permis de s'exprimer ainsi, une transaction entre le droit écrit et les coutumes, toutes les fois qu'il nous a été possible de concilier leurs dispositions ou de les modifier les unes par les autres, sans rompre l'unité du système et sans choquer l'esprit général. Il est utile de conserver tout ce qu'il n'est pas nécessaire de détruire..... » (Disc. prélim.)

(4) Lettre du 29 juillet 1736.

de Pothier (1), — cet historien que vantait Rollin, — cet érudit qu'admirait Montfaucon, — ce littérateur que l'Académie française disputa à Dijon, — ce savant universel, enfin, dont d'Alembert a pu dire : « *Il embrassa tout, il remua tout.* »

Appelé par vos suffrages à inaugurer vos séances, pouvais-je d'ailleurs vous proposer un plus digne modèle que l'homme qui aimait à dire avec Cicéron : *Mihi omnis ratio est cum virtute, non cum desidia; cum dignitate, non cum voluptate; cum iis qui se patriæ, qui suis civibus, qui laudi, qui gloriæ, non qui somno et conviviis et delectationi natos arbitrantur* (Pro Sext., c. 66)?

En revoyant cette belle parole, Messieurs, je croyais lire votre devise.

Jean Bouhier naquit à quelques pas d'ici (2), le 16 mars 1673.

Sa famille, qu'on a pu appeler *præstantium hominum ferax* (3), avait fourni six générations de magistrats au Parlement de Bourgogne. Elle allait bientôt donner à Dijon ses deux premiers évêques (4).

L'amour des lettres était dans cette famille comme un trait général de ressemblance, « ayant toute ma vie eu

(1) M. Foisset. — Le président de Brosses. — *Histoire des lettres et des Parlements au XVIIIe siècle*, p. 84.

(2) Sur le mur du bel hôtel qui forme actuellement le n° 6 de la rue Vaubau (en face de la rue Bouhier), se lit l'inscription suivante :

EN CET HÔTEL
EST NÉ, LE 16 MARS 1673
ET A VÉCU
LE P[ENT] BOUHIER
DE L'ACADÉMIE FRANÇAISE
MORT LE 17 MARS 1746.

(3) Dédicace du *corpus juris canonici*, imprimé à Genève en 1735.

(4) Jean Bouhier fut sacré évêque en 1731. Claude Bouhier, son successeur (1744), était le frère du Président. [V. *Hist. du Parlement*, par des Marches, p. 20 et suiv.]

« du goût pour la littérature, disait le Président dans sa « vieillesse, je trouve quelque plaisir à penser que, depuis « plus de deux siècles, il n'y a eu aucun de mes ancêtres « qui n'ait aimé les sciences et les livres (1). »

Bouhier fréquenta de bonne heure les cours de ce collége des Godrans, d'où venait de sortir Bossuet, et où allaient entrer Charles de Brosses et Buffon (2).

Pendant les vacances, il correspondait, en latin, avec ses maîtres. Ceux-ci avaient soin de mêler à leurs lettres des citations tirées des auteurs les plus difficiles; mais on rapporte que le jeune Bouhier, tenant à honneur de répondre, « tirait de nouvelles forces de la difficulté même des choses, » et pénétrait le sens des passages les plus obscurs.

A quinze ans, il termina ses études « par une thèse pu« blique sur toutes les parties de la philosophie et sur ce « qu'il y a de plus essentiel dans les mathématiques. » Cette thèse fut un « événement. » Et, s'il faut en croire le Père Oudin, la mémoire s'en conserva longtemps à Dijon. — « Six ans après, dit ce Père, lorsque je vins dans cette ville, on ne parlait que des louanges accordées au mérite du jeune Bouhier (3). »

A cette époque, Dijon n'avait pas encore d'Université. — Après avoir passé, dans la maison de son père, deux années pendant lesquelles il apprit l'hébreu, l'italien et l'espagnol, Bouhier alla donc étudier le droit, d'abord à Paris, puis à Orléans, qui devait ainsi avoir l'hon-

(1) Mémoire de M. le Prés. Bouhier sur sa bibliothèque.

(2) Les bâtiments de ce collége, — qui fut fondé en 1583 par le président Odinet Godran, et dirigé pendant près de deux siècles par les PP. Jésuites, — sont aujourd'hui occupés en partie par l'École de droit.

(3) Les passages entre guillemets, qui précèdent, sont empruntés à la notice que le Père Oudin adressa à Marc-Antoine Chartraire de Bourbonne, petit-fils du Président, peu de temps après la mort de celui-ci. Écrite en latin, elle parut à la suite des « *Recherches et dissertations sur Hérodote,* » Dijon, 1746, — sous le titre de *Commentarius de vita et scriptis J. Buherii.* — Sa traduction se trouve dans le 1er volume des *Œuvres de jurisprudence de M. Bouhier..... recueillies..... par M. Joly de Bévy.* Dijon, Frantin, 1787.

neur d'enseigner les deux plus grands jurisconsultes du XVIIIe siècle.

Trois ans après, âgé de moins de vingt ans, il revenait à Dijon pour siéger dans le Parlement où s'étaient déjà distingués ses ancêtres, à côté des Bégat, des Frémyot, des Jeannin et des Brulart.

Certes, — même après ces grands noms, le jeune conseiller pouvait rappeler avec fierté ce Bénigne Bouhier, l'ami de Cujas, — dont un contemporain disait qu'il était digne de figurer dans le conseil des dieux, *consilio summi dignus adesse Jovis.* — Il n'avait qu'à ouvrir les registres de la Compagnie, pour y lire l'éloge de ce courageux Étienne Bouhier, son bisaïeul, — qui, au milieu de l'effroyable peste de 1631, alors que tous ses collègues fuyaient la contagion, voulut rester dans la cité pour s'y dévouer à l'intérêt public (1).

Tout, en un mot, dans l'illustre Compagnie où il venait d'entrer, — tout, — jusqu'au nouveau costume des magistrats, rappelait à Bouhier des souvenirs de famille.

J'ai parlé du nouveau costume des magistrats. Les conseillers au Parlement de Bourgogne venaient, en effet, d'essayer une nouvelle mode, — celle de se faire porter la queue; — et celui qui avait donné le signal de cette innovation était précisément Bénigne Bouhier, le père de notre Président. « Mon père, rapporte ce dernier, m'a avoué qu'il avait été le premier qui l'eût fait, à l'exemple de ceux de Paris, qui le faisaient tous. Et sur cela, il me

(1) Lorsque de conseiller aux requêtes du Palais, Étienne Bouhier fut reçu conseiller à la cour, « M. le premier Président fit de lui un grand éloge et « voulut même qu'il fût inséré sur les registres de la Compagnie : distinction « d'autant plus grande qu'il ne s'en trouve aucun autre exemple. » (Mém. de Bouhier sur sa biblioth.)

Étienne Bouhier avait fait ses dernières études de droit à l'université de Padoue. — En s'initiant à la science d'Alciat, il prit le goût de l'art de Vignole, et ainsi revint d'Italie jurisconsulte et architecte consommé. — On peut en juger par le grand hôpital N.-D. de la Charité de Dijon, qui fut commencé sur ses dessins, en 1630, à côté de la maison des hospitaliers du Saint-Esprit.

contait que M. Charles-Bénigne de Thésut, alors doyen du Parlement, pour empêcher cette introduction des jeunes conseillers, leur disait : « Eh ! Messieurs, attendez pour cela que je sois mort; car, moi qui n'ai qu'une servante, par qui voulez-vous que je me fasse porter la queue... (1)? »

Le fils de Bénigne introduisit, lui aussi, une nouveauté dans le Parlement, mais d'un tout autre genre.

L'étude du droit était alors fort négligée. Il était « très « rare, dit un des magistrats les plus judicieux de ce temps, « qu'on étudiât le droit par principes..... La plupart de « ceux même qui travaillaient le plus, se contentaient « d'étudier les affaires à mesure qu'ils en étaient char- « gés (2). » — Aussi n'y voyait-on jamais que des questions de fait. — « Bouhier, au contraire, trouvait partout des « questions de droit. »

C'était dans les sources qu'il voulait qu'on apprît les lois, et il ne regardait même pas comme remplaçant les textes, les recueils commodes que venait d'en faire Domat. — A plus forte raison repoussait-il ces répertoires commodes, qui permettent d'improviser la science. — « Nous sommes « inondés de compilations, s'écriait-il, qui, en favorisant la « paresse, conduisent droit au pyrrhonisme. Comme ces « ouvrages sont composés dans notre langue, écrits avec « esprit et remplis d'une variété infinie de questions nou- « velles, où tout est mis en nouveauté....., notre Jeunesse « en est éblouie et quitte des livres où elle trouverait des « principes plus sûrs, mais moins agréables (3). »

Cet abandon des grandes traditions du XVIe siècle tenait

(1) *Souvenirs de Jean Bouhier*, p. 82. (Extr. des manusc. de la Biblioth. imp.) Bénigne Bouhier avait été pourvu en 1665 d'une charge de président à mortier.

(2) Jean-Louis Maletesle. — *Testament moral*, manuscrit cité par M. de La Cuisine, t. III, p. 178.

(3) *Observ. sur la cout. de Bourg.*, ch. II, T. I, p. 379, des *Œuvres de jurispr.* « Les dictionnaires et les loteries, qu'on voit se multiplier de jour en jour, disait à la même époque B. de La Monnoye, sont, pour le siècle, une marque sûre d'ignorance et de gueuserie. »

à plusieurs causes, mais surtout aux déplorables abus qui s'étaient glissés dans l'admission des jeunes magistrats.

Assurés de quelque haute protection et servis, sinon par leurs talents du moins par leur fortune, les candidats semblaient avoir pris au sérieux la plaisanterie de Cicéron sur les légistes : *Triduo me jurisconsultum esse profitebor* (1). Ils se flattaient de devenir jurisconsultes en trois jours ! — A dire vrai, l'examen n'en exigeait pas davantage.

On était loin du temps où nul ne pouvait être reçu conseiller sans avoir été examiné, « *à la fortuite ouverture des livres,* » sur chacun des volumes du droit. — A cette méthode, on avait substitué le tirage au sort parmi certaines lois choisies d'avance, — ce qui mena peu à peu, dit un historien du Parlement de Bourgogne, « à en faire diminuer le nombre au point qu'il n'en demeura plus que trois connues de tout le Palais, et qui servirent indéfiniment aux interrogateurs et aux candidats (2). »

C'est ainsi que « par importunité, faveur ou déguisement, » était venue s'asseoir sur les fleurs de lys cette « *jeunesse pourprée,* » à laquelle Brulart, dans sa vieillesse, attribuait tous les maux de sa Compagnie. — (Lettre à Mazarin, *Corresp.*-L. CXXII.)

Bouhier gémissait de cette décadence, et protestait par sa science comme par ses paroles.

« Plus j'y fais réflexion, disait-il (3), plus j'ai peine à « comprendre la témérité de ces magistrats qui osent s'as- « seoir sur le tribunal de la justice, sans avoir fait les der- « niers efforts pour se rendre capables d'une fonction de « si grande conséquence..... S'ils ont cru se distinguer des « autres hommes en prenant des emplois dont le titre est « honorable, ils se sont lourdement trompés ; car rien ne

(1) *Pro Murena,* c. 13

(2) M. de La Cuisine, t. I, p. 90.

(3) Préface des *Observations sur la coutume de Bourgogne.*

« déshonore plus que d'exercer une fonction qu'on est in-« capable de bien faire (1). »

A ce discours, on faisait alors à peu près les mêmes objections qu'aujourd'hui. La vie d'un homme, disait-on, est trop courte pour approfondir les différentes parties de la législation et lire les ouvrages de tous les jurisconsultes. D'ailleurs, « pourquoi nous tourmenter à chercher avec « tant de peine, dans un tas de gros et ennuyeux volumes, « ce que nous pouvons trouver dans nous-mêmes? — « L'équité, le bons sens ne suffisent-ils pas? »

Non, répondait Bouhier, « quelque étendue que paraisse « l'étude de la jurisprudence, les principes n'en sont nul-« lement immenses..... » Et quant à l'équité, « *c'est le fruit des méditations des sages*, » car la décision juste n'est pas, tant s'en faut, celle qui se présente toujours à l'esprit. « Toute autre équité apparente est celle que les juriscon-« sultes appellent *cérébrine*, et qu'ils rejettent comme « l'une des choses les plus dangereuses dans l'exercice de « la justice. » Il est vrai qu'il n'est personne qui croit être dépourvu de bon sens, mais il faut bien se persuader que « rien n'est moins commun que le sens commun. »

Et après avoir montré que l'obéissance à la loi est le seul moyen pour un magistrat d'avoir la conscience en repos, il ajoutait : « J'ai souvent comparé un homme qui « voudrait exercer les fonctions de judicature avec le seul « secours du sens commun, à un architecte qui voudrait « élever un mur avec le secours de ses yeux seuls. Quel-« que excellente que fût sa vue, il se flatterait vainement

(1) Bern. de La Monnoye a traduit très plaisamment dans ses satyres l'opinion de son savant ami.

Près d'entrer au palais,
Certain conseiller de la cour
Se trouva sans bonnet : cela le mit en peine.
Il ne faut pas s'en étonner :
Un conseiller à la douzaine
Ne peut que du bonnet seulement opiner.

« de mettre ce mur parfaitement à plomb, s'il n'y em-
« ployait les instruments qui sont d'usage en pareil cas. —
« On n'hésiterait pas à reconnaître la même chose de la
« profession du juge, si les effets des mauvais jugements
« se faisaient sentir aussi aisément que ceux d'une mau-
« vaise maçonnerie. »

Il n'est pas inutile, Messieurs, de nous rappeler ces grands enseignements, pendant qu'il est encore temps pour nous de les mettre à profit. Dans quelques années, il serait peut-être trop tard..... Il me semble, en effet, que c'est surtout de l'homme de loi qu'on peut dire, avec Bernardin de Saint-Pierre : « On ne jette point l'ancre dans le fleuve de la vie. » Emporté par le courant des affaires, toujours consulté ou toujours plaidant, ne quittant un dossier que pour en prendre un autre, il a bien peu de temps pour la méditation et l'étude ; il n'en a point même, s'il ne sait en conquérir par son énergie ou s'en ménager par son habitude du travail.

Nul mieux que Bouhier n'eut cet art difficile de trouver du temps. Il savait être à la fois tout entier à sa charge, aux lettres et à ses amis. Secret précieux, qui fut celui de tous les grands hommes dont nous admirons les chefs-d'œuvre, sans songer, — souvent, — par quel travail persistant ils ont mérité le don du génie.

« Lorsqu'il s'habillait, et je l'ai vu, rapporte M. de Maleteste, il avait des pupitres, des livres que des chevilles tenaient ouverts; il y jetait les yeux en attachant ses boutons... »

« On ne pourrait pas croire, ajoutent les mémoires auxquels j'emprunte ces détails, on ne pourrait pas croire, si on ne l'avait pas vu, tout ce que le Président a écrit de sa main (1). »

Il ne lisait jamais que la plume à la main, tantôt remplissant de son écriture fine, propre et serrée, les marges

(1) « J'ai oui dire souvent, rapporte le P. Oudin, que s'il avait eu encore vingt ans à vivre, il avait de quoi occuper un imprimeur autant de temps. »

de ses livres (1), tantôt jetant ses notes sur des cahiers soigneusement reliés, qu'il appelait ses *réservoirs*, et où il puisait, dans l'occasion, les citations nombreuses qu'il aimait à enchâsser dans ses ouvrages.

Ainsi, toutes les questions le trouvaient prêt; il s'intéressait à tout et rien ne lui était étranger. Son esprit prompt, alerte, toujours en éveil, se détachait sans effort d'une étude pour s'appliquer à une autre.

Un jour, il expliquait des inscriptions grecques sur lesquelles Saumaise et Vossius s'étaient inutilement exercés, et le lendemain il répondait à un jésuite de Rome qui le consultait sur les prophéties et sur la philosophie de Platon (2).

Un autre, après avoir disserté sur l'histoire de l'écriture chez les Grecs, ou bien discuté avec un Bénédictin sur la religion des Thérapeutes, il gardait la plume pour écrire des épîtres en vers à ses meilleurs amis (3).

(1) On peut en voir un spécimen dans son glossaire de *de Laurière*, que conserve la biblioth. de Dijon.

M. Charles des Guerrois, p. 351, a signalé aux éditeurs l'Horace du Président « à toutes les pages chargé des notes de ce commentateur sans égal. »

(2) En envoyant à Bouhier son livre sur les saints Pères et le Platonisme, le P. Baltus, qui préparait un ouvrage sur *la Religion prouvée par l'accomplissement des prophéties*, lui écrivait :

« Pour y réussir, je pense souvent à vous et je me dis : M. le président, qui « a le goût si sûr et si juste, approuvera-t-il cette méthode, cette explication, « cette conséquence que j'en tire? Et quand je me figure qu'elle pourra obtenir votre approbation, je la tiens pour bonne et je ne crains pas que per- « sonne la condamne... » (Lettre citée par M. Ch. des Guerrois.)

— Je ne puis donner ici qu'une idée bien sommaire des nombreux ouvrages du Président. On en trouvera le *catalogue* à peu près complet dans le 1er volume des *Œuvres de jurisprudence*, p. XIV.

(3) Parmi les papiers du Président que possède la Bibliothèque de Dijon (n° 496), se trouvent plusieurs lettres en vers adressées à différentes personnes de son temps, — entre autres à MM. de Corlon, procureur du roi au présidial d'Autun, La Monnoye, et Soyrot, conseiller au Parlement de Metz. Une de de celles écrites à ce dernier est datée :

De Dijon où je tiens la chambre,
Ce dix-huitième de novembre,
L'an qu'on peut dire le premier
Du maudit siècle de papier.

En note, Bouhier a écrit : — « C'est que ce fut la première année que les

Les *Mémoires de l'Académie des inscriptions*, le *Journal de Trévoux*, le *Mercure de France*, les recueils de Leipsick, les gazettes de Hollande publiaient tour à tour ses travaux, — quelquefois même à son insu, — sur les questions les plus délicates de la philologie ou les points les plus obscurs de l'histoire et de la chronologie des anciens peuples.

Cependant, à la différence de certains érudits, ce qu'il aimait dans l'antiquité, c'était moins l'obscurité que la lumière.

Admirateur des grands génies de Rome et d'Athènes, il élucida Horace (1), traduisit Homère, Démosthènes, Virgile, Ovide, Cicéron, et annota les œuvres philosophiques du grand orateur romain (2). « On ne saurait, disait-il, re-« mettre trop souvent devant les yeux de nos concitoyens « les modèles de cette éloquence simple et majestueuse « qui a soutenu l'admiration de dix-huit siècles, et dont il « semble que le nôtre s'éloigne insensiblement. » (Lettre à l'abbé d'Olivet.)

L'infatigable magistrat comparait l'esprit de l'homme à un parterre dont la diversité des fleurs augmente l'agrément. Aussi, nulle fleur qu'il n'ait cultivée, dût-il aller la chercher chez Hérodote ou dans Pétrone (3); chez l'au-

billets de monnaie, qui jusque là avaient été renfermés dans Paris, eurent cours par tout le royaume ».

Sous une rature, on peut lire les deux derniers vers comme il suit:

L'an que tout un peuple indigent
Reçut du papier pour argent.

(1) Le président s'est beaucoup occupé d'Horace. Parmi tous ses travaux sur cet auteur, je signalerai une *Dissertation* peu connue *sur l'art poétique* (V. *Mél.* de Michault, t. I, p. 34).

Bouhier attribue à des erreurs de copistes « le désordre surprenant qui se trouve dans cette pièce, » et, après avoir établi cette thèse, il essaie, au moyen de certaines transpositions, de rétablir l'ordre primitif de l'*Épître aux Pisons*.

(2) Les éditeurs de la grande *Collection des auteurs latins* (publiée sous la direction de M. Nizard), — Paris, 1840, — ont emprunté au président Bouhier et à l'abbé d'Olivet leur excellente traduction des *Tusculanes*. — V. t. III et IV.

(3) « Des hommes qui se sont donnés pour des maîtres de goût et de vo-« lupté estiment tout dans Pétrone, et monsieur Bouhier, plus éclairé, n'es-

teur inconnu du *Pervigilium Veneris*, ou dans la satyre de la Romaine Sulpicia.

Nos goûts ont bien changé, Messieurs. Nos pères recherchaient avec curiosité ce qui avait été. Nous, nous nous demandons avec inquiétude ce qui sera. Nous regardons moins le passé et davantage l'avenir.

Je ne regrette point, pour ma part, ce changement de direction de l'activité humaine. Mais peut-être ignorons-nous trop tout ce que nous devons à ces patients chercheurs. — A leurs prodigieux travaux, nous n'accordons souvent qu'un dédaigneux sourire ; sans songer qu'ils ont accompli, en littérature, ce que font aujourd'hui nos architectes pour les monuments du moyen âge (1). — Dans un autre ordre d'idées, ils ont préparé la voie à nos grands historiens. Les Mabillon, les du Cange, les de Laurière, les Bouhier ont été vraiment les pionniers de l'histoire. Il fallait dégager l'histoire ancienne de tout ce que les auteurs y avaient mêlé de fabuleux. Par une critique ingénieuse, des comparaisons multipliées, des investigations savantes, il fallait retrouver la vérité sous la vraisemblance. Il fallait enfin faire sortir notre propre histoire de la poussière des greffes et des bibliothèques où elle était enfouie, sous peine de n'avoir jamais que des siéges faits d'avance (2).

Bouhier le comprit, y travailla et eut l'heureuse fortune de faire des disciples (3). Il porta dans ce genre d'études

« time pas même tout ce qu'il a traduit, » disait finement Voltaire. (Disc. de récep. à l'Acad. franç.)

(1) « Je me suis proposé principalement d'épurer le texte de Cicéron, des fautes que le temps ou l'ignorance des copistes y ont glissées, écrivait Bouhier à l'abbé d'Olivet, et il ajoutait avec une charmante bonhomie : il me semble que je rends en quelque manière à ce grand homme le plaisir que j'ai pris toute ma vie à le lire, si je parviens à le délivrer d'une partie des taches qui le défigurent et qui diminuent la vénération qu'on doit avoir pour lui »

(2) On connaît le mot de Vertot.

(3) On peut regarder Bouhier comme l'inspirateur de quelques-uns des travaux qui menèrent de Brosses à l'Académie des inscript. (*Le Prés. de Brosses*, p. 80.)

la méthode des jurisconsultes, en se faisant une loi de toujours remonter aux sources. De bonne heure il avait choisi Hérodote, comme le centre auquel devaient aboutir toutes ses lectures, toutes ses recherches sur l'antiquité. Médailles, inscriptions, lois anciennes, tout concourut ainsi sous sa main à expliquer ou compléter les œuvres de celui qu'on a nommé le *Père de l'histoire*. Mais, vous le savez déjà, Messieurs, Bouhier n'était pas l'homme d'un seul travail : « c'était, comme il l'a dit lui-même de son successeur à l'Académie, l'homme de tous les talents, de toutes les sociétés et de toutes les œuvres. » Vous ne serez donc pas étonnés de voir le continuateur d'Hérodote, chercher dans les anciennes coutumes de Bourgogne la trace des institutions disparues, et ouvrir ainsi des horizons nouveaux à notre histoire nationale, au temps même où Voltaire n'apercevait dans le moyen-âge qu'une vilaine « histoire de loups. » (1)

Pour accomplir ces différents travaux, Bouhier avait heureusement sous sa main la plus belle bibliothèque de la Bourgogne. Commencée par l'acquisition des livres des évêques de Chalon, Pontus et Cyrus de Thyard (2), conservée sans partage au Président par une substitution

(1) « J'ai cru, disait Bouhier, que je ne rendrais pas moins de services à notre Bourgogne que les Pithous, les Brodeaux. etc..., en ont rendu à d'autres provinces en publiant les anciennes lois qui y ont été autrefois en usage ; *d'autant plus qu'elles auraient toujours de quoi plaire, quand elles ne serviraient qu'à nous instruire des mœurs de nos aïeux et des progrès de leur jurisprudence.* (Anc. cout. — Avertiss.)

En répondant à Bouhier, lors de sa réception à l'Académie française, le président Hénaut, directeur de l'Académie, lui disait : « ..... Vous faites tou-« jours marcher l'histoire à côté des lois; modèle si utile! projet tant de « fois proposé! Puissiez-vous, Monsieur, le suivre dans toute son étendue, « et, mettant à profit le loisir que vos travaux vous ont si justement acquis, « nous donner une Histoire de France relativement aux coutumes et aux « ordonnances du royaume, et couronner ainsi les différents genres d'érudi-« tion qui vous ont fait entrer en lice avec les plus fameux critiques du « dernier siècle. »

Malheureusement, ce très désirable ouvrage est encore à faire.

(2) L'auteur de cette acquisition fut Jean Bouhier, aïeul du président, et

expresse, augmentée incessamment par ses soins, cette magnifique collection était regardée comme un monument public. Chaque année depuis 1722, en vertu d'un privilége spécial du roi, elle s'enrichissait de tous les ouvrages sortis de l'imprimerie du Louvre. — Bouhier ne passait pas de jour sans la visiter. « Quand il rentrait « du Palais, rapporte Maleteste, il faisait un tour dans sa « bibliothèque qui était immense, n'y restât-il qu'un quart « d'heure avant le dîner. »

Pour nous, Messieurs, le temps nous presse; aussi ne veux-je pas même ouvrir, avec vous, un seul de ces 35,000 volumes reliés en veau fauve aux armes du maître, ou de ces 2,000 manuscrits soigneusement recouverts de velours noir, — dont le seul catalogue « faisait, au dire du P. Oudin, l'admiration des savants de toutes les nations (1). »

Je préfère, si vous me le permettez, vous introduire aux soirées littéraires de la rue Saint-Fiacre. — Elles ont lieu toutes les semaines, dans l'hôtel du Président. Elles durent trois heures. On s'y entretient des « nouvelles de la république des lettres, » et un des habitués (2) nous assure qu'on ne s'y ennuie jamais.

fils d'Etienne Bouhier, dont j'ai dit un mot ci-dessus, p. 5. Voici en quels termes en parlait P. Paillot, dans son *Histoire du Parlement:*

« Entre autres bonnes qualités qu'il possède, comme par succession de son « père, il a la louable curiosité de faire amas de bons et excellents livres « qu'il recherche avec grand soin, desquels il fait une ample et riche biblio- « thèque des plus considérables de la province; laquelle il a commencée par « l'achapt des livres de théologie du docte Pontus de Thyard, évêque de « Chalon, et qu'il augmente tous les jours avec une grande despense, outre « celle qu'il fait pour les relier curieusement d'une parure et orner de ses « armes qui conserveront la mémoire de l'affection qu'il a pour les lettres. » (Les armes des Bouhier étaient *d'azur au bœuf d'or.*)

(1) Voir — note A — à la fin de cette étude, ce qu'est devenue cette belle bibliothèque.

(2) Le P. Oudin. Outre ce Père, les habitués de ces réunions étaient le baron de la Bastie, Bernard Michaud, l'abbé Joly, Papillon et tous « les cory- « phées de cette littérature *philologique, biographique, anecdotique,* particu- « lière au sol bourguignon. » (Le mot est de M. Foisset, op. cit., p. 79.) — Tous les poètes de la cité s'y donnaient également rendez-vous, depuis l'auteur des *Noëls bourguignons,* jusqu'à l'avocat Cocquard, que Bouhier regardait

J'ai besoin de cette assurance, vous l'avouerai-je, pour écouter jusqu'au bout les conjectures du Président sur la position géographique du fleuve Araxe; —pour suivre ses dissertations sur les Scythes et les Massagètes, les Pélasges et les Hellènes; — ou encore pour soutenir la discussion à laquelle donne lieu la chronologie des Cypsélides, dernière dynastie des rois de Corinthe (1).

Heureusement on ne remonte pas toujours aussi loin, à travers les ténèbres de l'espace et du temps. Après les Grecs et les Assyriens, les Bourguignons ont quelquefois leur tour. — Et alors, ce sont nouvelles conjectures et nouvelles discussions sur la colonne de Cussy, le tombeau de Chyndonax, la situation de Bibracte et les ruines du mont Beuvrai (2).

Pour faire trêve à ces graves travaux, Bouhier, qui reçoit « des lettres et des journaux de toute part, » les communique à ses amis (3).

Un jour, il annonce une lettre venant d'Italie. —Grande joie dans l'assemblée! on a nommé Charles de Brosses. Depuis deux mois qu'il a dit adieu aux réunions de la rue Saint-Fiacre, le jeune conseiller parcourt l'Italie, — il descend du Vésuve, il est à Herculanum, et, avant d'adresser un Mémoire à l'Académie des Inscriptions sur

comme « très digne d'Ovide. » — Pour avoir la liste des membres qui composèrent à différentes époques cette petite académie, comparez : Notice déjà citée du P. Oudin, *Mélanges* de Michault, t. II, p. 107, et *Mémoires de l'Académie de Dijon*, t. I, p. 17.

(1) V., sur toutes ces questions, les *Dissertations sur Hérodote.*

(2) Voir la note B à la fin de cette étude.

(3) Pour énumérer tous les correspondants de Bouhier, il faudrait, disait le P. Oudin. « nommer tous les savants qui ont eu quelque nom en Europe. » — M. Ch. des Guerrois, dans son livre sur *le président Bouhier,* a publié un assez grand nombre de ces lettres. Mais ce consciencieux auteur s'est trompé (v. p. 103), et avec lui M. l'abbé Michaud (*Biographie des hommes illustres de la Côte-d'Or*), en avançant que Voltaire n'avait jamais écrit à Bouhier. — On trouve dans la collection Beuchot, sous le n° 861, une lettre de Voltaire au Président, lettre assez curieuse, car elle est écrite en latin.

Cirey, *pridie nonas* (6 mai). — *Tibi gratias ago quam plurimas, vir doctissime et optime, de tuo quem mihi promittis Petronio. Jam in te miratus sum*..... etc.

cette petite Rome souterraine encore inconnue des savants, il écrit à son « cher président (1). »

Ces réunions se terminaient souvent par la lecture de quelques pièces de vers et quelquefois des vers du Président lui-même.

Bouhier aimait en effet les vers et les faisait aisément. On en trouve de toute sorte dans ses papiers : des odes, des chansons, des bouts-rimés, des sonnets, des traductions et jusqu'à un essai de recomposition de la Henriade (2).

Il avait entrepris de mettre Homère et Virgile en vers français et poursuivait cette œuvre laborieuse, tandis que le P. Oudin traduisait l'*Iliade* en vers latins et que le vieux conseiller Pierre Dumay et l'abbé Petit dont on disait :

Petiot de nom, mà gran d'espri (3),

virai l'Enéide en vers bourguignons.

Ces traductions, ces essais n'étaient pas, comme on pourrait le croire, de vains jeux d'esprit : c'était, chez Bouhier, l'application d'une théorie bien arrêtée.— Il prétendait, en effet, qu'un poëme ne peut être bien traduit qu'en vers. — Proposition exacte, mais que j'aimerais mieux formuler ainsi : un poëme ne peut être bien traduit que par un poète (4).

(1) L'*Italie il y a cent ans*, ou *Lettres écrites d'Italie à*... V. lettre XXXIII.

(2) Voy. Manus. de la Bibl. de Dijon, n° 496. *Idée du commencement du poëme de la Henriade, tel qu'il me semble qu'aurait dû le donner M. de Voltaire.*

Parmi les 24 vers dont se compose cette pièce inachevée, je remarque les deux suivants :

Dieu, pour toucher son cœur, suscita ces obstacles;
Dieu, pour son cœur soumis, opéra ces miracles.

en marge desquels Bouhier a écrit : « Cette division, ce me semble, devait être le plan naturel de son poëme. »

Voir la note C à la fin de cette étude, sur les vers du Président.

(3) Epître du P. Phil. Joly, citée par M. Mignard.

Je treuvi si beaa ses écri
Que je m'écrii : ça dommeige
Qu'ai n'oo pas figui son œuvreige !

(4) « C'était une opinion qu'il défendait avec chaleur et on ne sera pas

C'était de plus comme une réponse à l'école de Desmarets, de Ch. Perraut et de Lamotte-Houdart, qui venait de déclarer la guerre à l'antiquité et de commencer cette grande querelle des classiques dont notre siècle a vu les derniers épisodes (1).

« Il y a quelques jours, disait dans ce temps-là le sculpteur Bouchardon (un classique sans le savoir), qu'il m'est tombé entre les mains un vieux livre français que je ne connaissais point; cela s'appelle l'*Iliade* d'Homère. Depuis que j'ai lu ce livre là, *les hommes ont quinze pieds pour moi* et je n'en dors plus. »

Eh bien! Bouhier pensait comme Bouchardon. Et ce n'était pas un mince mérite, surtout pour un académicien, à une époque où le bel esprit et les fadeurs de la galanterie succédaient aux mâles habitudes du grand siècle.

Je retrouve du reste, Messieurs, cette sûreté de goût dans toutes les appréciations littéraires de Bouhier. Très connu comme jurisconsulte et comme érudit, ce grand magistrat mériterait de l'être davantage comme critique. Ses jugements sur Montaigne et sur Madame de Sévigné notamment, — c'est-à-dire sur les plus primesautiers, de nos écrivains — sont dignes d'être rapportés. Ce sont les

étonné que je me range à son sentiment..... » a dit Voltaire (*Disc. de récep.*) Il s'efforçait d'ailleurs de rendre les poëmes qu'il traduisait, par le *même nombre* de vers. — Sur un des m[illegible]crits de sa traduction du IVe livre de l'*Enéide*, on lit la note suivante :

Na.	*Que la traduction de Gilles Boileau a de vers.*	1,144
	Celle de Segrais.	1,014
	La mienne.	768
	Et l'original.	705

Statistique d'où Bouhier concl[illegible] probablement que sa traduction était la meilleure.

(1) L'abbé Blanchard, curé de F[illegible]xey, en écrivant à Bouhier, le 23 octobre 1717, pour le féliciter de son second mariage (avec sa cousine, fille de M. Bouhier, marquis de Lantenay), lui envoyait une épître en vers, et lui disait :

« N'avez-vous point décidé l'affaire entre Mme Dacier et M. de Lamotte sur « les ouvrages du fameux Homère?— Votre traduction ne paraîtra-t-elle point?» (Manusc. de la Bibl. de Dijon.)

jugements d'un homme de goût, en même temps que d'un homme de bien.

« Je suis bien aise, écrivait-il à l'abbé de Belmont, je « suis bien aise que vous soyez un peu revenu de votre « prévention contre Madame de Sévigné. Pour moi, je la « mets au rang des livres classiques de notre langue, avec « un très petit nombre d'autres.... »

« .....Ce que je sens en lisant ses lettres est au-dessus « des paroles. Tant pis pour ceux qui ne sentiront pas les « grâces de cette vive et spirituelle simplicité, de ces « tours naïfs et variés à l'infini et de ces inimitables je ne « sais quoi qui feront admirer ces lettres tant qu'on en- « tendra les finesses de notre langue(1).... »

Ce que le Président admirait dans la spirituelle marquise, ce n'était pas seulement les *tours variés à l'infini* de son style, c'était surtout son cœur de mère .. Il pensait qu'une mère qui aime sa fille et qui le lui dit est toujours éloquente.

« Je trouve Madame de Sévigné d'autant plus admira- « ble, écrivait-il encore à l'abbé de Belmont (Dijon, « 12 septembre 1737), qu'elle est également un modèle du « côté du cœur et de l'esprit. Ce qui fait trouver quelque « fadeur dans les douceurs qu'elle dit à sa fille, c'est « qu'on lit ses lettres tout de suite. — N'en lisez qu'une « en huit jours, comme elles ont été écrites, vous n'y « trouverez plus le même défaut... »

Bouhier prisait moins Montaigne que Madame de Sévigné. En lisant les *Essais*, — qu'on a cependant nommés *le bréviaire des honnêtes gens*, — il se souvenait de la maxime d'Horace :

Scribendi recte sapere est et principium et fons,

et il trouvait que le conseiller de Bordeaux l'avait méconnue plus d'une fois.—Il signalait d'autant plus volontiers

(1) Lettre au chevalier Perrin, un édit. de Mme de Sévigné (12 nov. 1737).

les dangers de son livre que le style en est plus séduisant.

« Son style, tout gascon et tout antique qu'il est, disait-
« il, a une certaine énergie naturelle qui plaît infiniment :
« il écrit d'ailleurs d'une manière qu'il semble qu'il parle
« à tout le monde, avec cette aimable liberté dont on
« s'entretient avec ses amis. Ses écars même, par leur
« ressemblance avec le désordre ordinaire des conver-
« sations familières et enjouées, ont je ne sais quel
« charme dont on a peine à se défendre..... Il est un des
« écrivains du monde qui, sçachant le moins ce qu'il va
« dire, sçait le mieux ce qu'il dit.

« C'est dommage qu'il respecte assez peu les lecteurs
« pour entrer dans des détails puérils et frivoles de ses
« goûts, de ses actions et de ses pensées mêmes (1)... »

A mon avis, Messieurs, de nos jours où la critique littéraire a tant de plumes élégantes à son service, on n'a rien dit de mieux, de plus sensé ni de plus fin, sur Montaigne et Madame de Sévigné. C'est pourquoi j'ai peine à croire au mot malin attribué à Madame Bouhier sur son mari. — Madame Bouhier était une femme d'esprit ; et, trouvant lourd et disgracieux le style du Président, elle aurait dit : « *De grâce, pensez pour moi et laissez-moi écrire.* »

J'y crois d'autant moins qu'on en prête un pareil à l'abbé de Saint-Pierre. — « Un jour qu'il venait d'entendre Madame de Talmont, une femme du monde qui parlait bien et pensait peu : « Mon Dieu ! remarqua-t-il par un retour sur lui-même, que cette dame ne dit-elle ce que je pense (2) ! »

(1) Dans un autre passage, Bouhier emploie des épithètes plus sévères. Au lieu de *puérils et frivoles*, il dit : *obscènes et grossiers*, et il s'étonne « qu'une « personne aussi vertueuse que la Demoiselle de Gournay, ait pu mettre une « préface à cet ouvrage et qu'elle ait osé avouer qu'elle en avait revu les « épreuves. » — *Mémoire sur la vie et les ouvrages de Michel de Montagne*, se trouve au nombre des *Éloges de divers auteurs français*, publiés par l'abbé Joly. Dijon, 1742, — p. 126, — parut pour la première fois en tête de l'édit des *Essais* de 1739. Londres, J. Nourse.

(2) M. Sainte-Beuve, — sur l'abbé de Saint-Pierre, — p. 272.

Vous montrer, comme je viens de le faire, le savant et l'homme de lettres dans le Président Bouhier, ce n'est, Messieurs, vous le faire connaître qu'à moitié.

Ce serait une erreur que de se figurer ce grand magistrat comme un de ces érudits maussades, dont les doigts sont toujours tachés d'encre et qui n'ont d'yeux que pour les parchemins. Le portrait que nous a conservé de lui le peintre Largilière (1) en donne une tout autre idée.

« Il avait pour maxime, et il le répétait souvent, qu'on peut donner à ses plaisirs tout le temps qu'ils nous demandent pourvu qu'on emploie utilement tout le temps qu'ils nous laissent (2). »

Aussi, pour bien connaître Bouhier, faudrait-il le voir, l'entendre au milieu de la société élégante et polie qu'il avait toujours aimée. Il faudrait pénétrer avec lui dans les salons de Dijon si brillants à une époque où « le comman- « dant de la Province était un Tavanes et le gouverneur un « Condé. » — Il faudrait le voir aussi, faisant le bien dans la cité, remplissant avec zèle les fonctions de président de la Chambre des pauvres, commençant l'inventaire de tous les titres et papiers de l'hôpital dont il fut longtemps le directeur, enfin instituant *l'aumône générale*, c'est-à-dire une distribution de pain qui se faisait tous les dimanches aux familles indigentes de la ville.

Mais j'ai hâte, Messieurs, et peut-être ai-je trop tardé, j'ai hâte de compléter l'idée que je vous ai déjà donnée de la science et des travaux du jurisconsulte.

Depuis 1704, c'est-à-dire depuis l'âge de trente et un ans, J. Bouhier occupait au Parlement une charge de Président à mortier.

Une charge ! c'est ainsi qu'on désignait les emplois publics, et le mot avait son enseignement; aujourd'hui nous

(1) Une bonne copie de ce tableau orne une des salles de la bibliot. de Dijon.
(2) Maleteste, manuscrit déjà cité.

disons *une place*. Je regrette ce changement pour notre belle langue française....

Bouhier poussait le soin de sa charge jusqu'au scrupule. Dans plusieurs de ses préfaces, il s'excuse de paraître donner aux Muses un temps qui est dû à Thémis, et, l'année même de sa mort, il prenait soin de dire « aux gens d'assez mauvaise humeur » pour lui adresser ce reproche, qu'il n'avait jamais cultivé les lettres qu'à ses heures de loisir.

Il disait vrai, car toujours il mit en première ligne l'étude austère du droit.

Assidu au Palais, — au point de s'y faire porter quand la goutte l'empêchait de s'y rendre, — il recueillait les arrêts avec soin et préparait ainsi ce *Recueil de droit et de jurisprudence* dont la table seule devait arracher à Bannelier le cri du vieillard Siméon : *Nunc dimittis servum tuum, Domine !*

Familier avec les jurisconsultes comme avec les poètes de Rome, il se servait de sa science profonde aussi bien pour améliorer la législation que pour l'appliquer chaque jour. C'est ainsi qu'en 1726 il publia un *traité sur la succession des mères* et mit en une telle évidence les défauts de l'édit de Saint-Maur que, moins de trois ans après, cet édit fut révoqué.

Toutefois, le Président n'était pas porté aux innovations. Homme du XVIIe plutôt que du XVIIIe siècle, il paraît être resté complétement étranger au mouvement d'idées qui se faisait autour de lui et qui devait amener quelques années plus tard une révolution si complète dans les institutions et dans les lois. Aux discussions agitées de son temps, dont il ne voyait que le vague et l'incertitude, il préférait le commerce des anciens et l'étude sereine du passé (1).

(1) Il mettait Turgot au nombre de ses amis, mais il le trouvait « *lucifuge*. » « Je ne sçache rien de si insipide, disait-il encore, que ces nouveaux cours

Après avoir approfondi le droit romain, Bouhier voulut étudier nos lois municipales. En 1717, il en donna une nouvelle édition, avec quelques observations : ébauche du grand ouvrage qu'il préparait et qu'il ne devait achever que l'année même de sa mort. Il y avait joint ce qu'on pourrait appeler les travaux préparatoires de la Coutume, c'est-à-dire les procès-verbaux des commissaires nommés par le Roi Charles IX pour sa réformation. Enfin, il avait augmenté son livre de la biographie des principaux commentateurs.

Les documents nouveaux contenus dans ce volume et la pureté du texte des coutumes soigneusement revu par Bouhier faisaient de cette compilation un ouvrage précieux pour les juriconsultes. « Il n'y a qu'une chose à reprendre, « écrivait J. Bretonnier, c'est la trop grande modestie « de l'auteur (1). »

Par ces importants travaux Bouhier s'était acquis, dans sa Compagnie, une juste autorité. Mais « l'envie, disent « les Mémoires du temps, fit prendre parti contre lui à « bien des gens, sans qu'ils sussent pourquoi, si ce n'est « que la supériorité ne se pardonne pas. »

De ce nombre fut le Premier Président de Berbisey : homme généreux dont la cité reconnaissante n'a pas oublié les grandes largesses; mais faible, temporiseur, sans caractère, d'une conduite tortueuse et embarassée dans les circonstances difficiles, poussant l'amour de la paix et de la conciliation même jusqu'à l'oubli de ses devoirs.

«... Sans connaissances, sans esprit, dit Maleteste. il possédait un très petit jugement assez sûr des très petites « choses. Il aurait dû s'en servir pour reconnaître le mé« r'te du Président Bouhier et en tirer vanité, puisqu'il

« de morale métaphysique qui deviennent si fort à la mode. » (Lettre à l'abbé Le Blanc.)

(1) *Recueil par ord. alph. des princ. quest. de dr.* Paris, 1718, préf., p. LX.

« était son cousin germain... » — Mais, point du tout — « offusqué des lumières de son parent, il le portait sur « ses épaules et ne perdait pas la plus petite occasion de « lui donner du dégoût. »

Cette antipathie des deux Présidents ne fut probablement pas étrangère à la petite révolution de Palais qui éclata au mois de mai de l'année 1722 : voici dans quelles circonstances (1).

Le Roi ayant rétabli, par arrêt de son conseil, un droit de 9 sols par livre sur les aydes, gabelles, *épices*, etc..., le commis chargé de percevoir ce droit, nommé Marcenay présenta sa commission à la grand'Chambre, avec une requête pour qu'il plût à la Cour de l'enregistrer. Les magistrats étaient naturellement mal disposés à accueillir un pareil impôt; mais le premier Président, « qui ne rece- « vait pas une lettre d'un commis sans qu'il tremblât « comme la feuille (2), » signa, sans consulter la Chambre, un arrêt portant enregistrement de la commission.

Avertie d'un acte aussi étrange, la Compagnie s'émut, les syndics ou directeurs se saisirent de la minute de l'arrêt et demandèrent l'assemblée des Chambres à M. le Premier Président qui, l'ayant enfin accordée, convint qu'il avait été surpris... En conséquence, il fut rendu deux autres arrêts, par lesquels il fut dit que le premier demeurerait non avenu et défenses furent faites « à Marcenay et à tous « autres de percevoir ledit droit de 9 sols par livre, ni « aucun autre non établi par édits, déclarations ou lettres « patentes dûment enregistrés, en ladite Cour, à peine « de concussion. »

Pendant cette assemblée, un greffier étant allé porter une expédition d'un jugement au bureau du contrôle y

(1) Les détails qui suivent sont empruntés à une note manuscrite du Président Bouhier, intitulée : *Récit de ce qui s'est passé au Parlement de Dijon, au sujet de l'impôt des 4 sols par livre.* (Bibl. de Dijon, manusc.)

(2) Maleteste.

trouva par hasard Marcenay. Celui-ci, sous prétexte que ce greffier n'avait point payé les 4 sols par livre des épices, se saisit de l'expédition et la porta à M. de la Briffe, intendant, qui, sans entendre le greffier, le condamna au quadruple des droits et à 500 fr. d'amende.

Le Parlement fut d'autant plus piqué de cette ordonnance que, quand même le droit aurait été bien établi, ce greffier ne pouvait être regardé comme contrevenant, puisqu'il n'avait point encore délivré l'expédition à la partie. Les syndics de la Compagnie demandèrent donc l'assemblée des Chambres. Mais le Premier Président, après l'avoir promise, la refusa à l'heure convenue sous différents prétextes.

Cependant le Parlement se sentait trop atteint dans sa dignité et dans une de ses plus chères prérogatives, pour laisser les choses en cet état. Sur l'initiative de Messieurs de la grand'Chambre, tous les magistrats qui étaient au Palais s'assemblèrent et le Président Bouhier s'y trouva le plus ancien par l'absence de ceux qui le précédaient. On discuta longtemps; on remit même, sur l'avis de Bouhier, l'assemblée au lendemain, pour ne rien précipiter. Enfin, après avoir vainement invité le Premier Président à se trouver au poste où l'appelait la défense des droits de sa Compagnie, la Cour rendit arrêt « portant défense à Marcenay de se prévaloir de l'ordonnance de M. de la Briffe, « et à tous huissiers ou sergents de l'exécuter à peine « d'être procédé exemplairement contre eux. »

A Versailles, on s'irrita de cette résistance.

L'arrêt du Parlement fut déféré au conseil du Roi et cassé.

Quelques jours après, un huissier était envoyé de Paris pour biffer les minutes des arrêts du Parlement; deux conseillers syndics étaient mandés près du Roi, et Bouhier recevait une lettre de cachet qui l'exilait à quinze lieues de

Dijon, avec défense « d'approcher de Paris ou des en-« droits où serait la Cour plus près de dix lieues (1). »

Quand cet ordre sévère arriva à Dijon, Bouhier était retenu dans sa chambre par la goutte. Grâce à un certificat des médecins, son exil fut donc différé, mais après la guérison, il lui fallut à contre-cœur prendre la route d'Autun et s'éloigner de sa famille et de ses amis.

Charles de Brosses, exilé quelques années plus tard à Gannat, se consolera en jouant la comédie ; mais Bouhier, dont vous connaissez maintenant les habitudes, trouvait très dur l'exil, même à Autun.

Il écrivait lettre sur lettre aux amis qu'il avait à la Cour. Ceux-ci lui témoignaient les plus flatteuses sympathies ; mais que pouvaient-ils faire? — « Le régent convient qu'il « n'y a pas dans notre Parlement un plus habile magis-« trat que vous, lui répondait le cardinal de Bissy, mais « il lui reste toujours des soupçons que vous êtes des « plus portés à vous mettre à la tête des frondeurs (2). »

On permit cependant à Bouhier d'habiter sa terre de

(1) De par le Roy :

« Sa Majesté n'étant pas satisfaite de la conduite du sieur Bouhier, président « à mortier au Parlement de Dijon, elle lui mande et ordonne très expres-« sément, de l'avis de Monsieur le duc d'Orléans, régent, qu'aussitôt qu'il « aura connaissance du présent ordre, il ait à s'éloigner de la ville de Dijon « de quinze lieues, sans pouvoir approcher de Paris ou des endroits où sera « la cour, plus près de dix lieues, jusqu'à nouvel ordre de sa Majesté, et ce « sous peine de désobéissance. »

Fait à Paris le XIIIJ jour de may 1722.

LOUIS.

PHELIPPEAUX.

(Bibl. de Dijon. — Man. nº 496.)

(2) « Je lui ay dit sur cela ce que j'ai dû pour le détromper et j'espère « enfin en venir à bout, ajoute le cardinal. Puis il termine par ces mots : « Mon frère perdrait beaucoup, s'il ne vous avait pas pour juge dans l'affaire « de Bragny. »

M. l'abbé Michaud (*Biog. des hommes ill. de la Côte-d'Or*), attribue cette lettre au cardinal de Rohan, mais je crois que c'est à tort. Dans l'original qui se trouve à la bibliothèque de Dijon, la signature, quoique assez mal écrite, laisse cependant lire *Bissy*. Elle contient un *i* et par conséquent ne peut convenir à Rohan. On sait du reste que les Bissy étaient Bourguignons, ils appartenaient à l'illustre maison de Thyard.

Lantenay ; — on lui accorda même la faveur de passer par Dijon, mais en l'engageant à ne pas s'y arrêter.

Enfin, après trois mois d'attente, une gracieuse lettre du prince de Condé lui annonçait son rappel, et quelques jours plus tard il reprenait ses fonctions au sein du Parlement (1).

Heureux de voir revenir dans leurs rangs celui qui avait défendu leurs droits jusqu'à sortir de la légalité, ses collègues cherchaient une occasion de lui prouver leurs sentiments. Aussi, quand la vieille rivalité de la Cour des comptes et du Parlement amena de nouveaux embarras, voulurent-ils lui confier la délicate mission de représenter sa Compagnie et de poursuivre le procès pendant devant le conseil du Roi.

Dans le temps même où cette affaire conduisait Bouhier à Paris la mort de Malézieux rendait vacant un des fauteuils de l'Académie française. Tout le monde pensa alors au savant Dijonnais. Une seule objection se présentait : c'était la règle, posée par Richelieu, de n'admettre aucun Académicien qui ne résidât dans Paris. Mais, comme l'a dit Voltaire (Eloge de Bouhier), on vit bientôt que « ce « serait violer l'esprit d'une loi que de n'en pas transgres- « ser la lettre en faveur des grands hommes. »

Bouhier fut admis à l'unanimité. — On dit même qu'il fut préféré à Montesquieu (2).

En vantant les titres littéraires du nouvel académicien, le Président Hénaut, chargé de lui répondre, n'oublia

(1) « Ses concitoyens, rapporte le président Joly de Bévy, qui avaient « donné des témoignages non équivoques du regret que leur causa son « absence, se livrèrent aux plus grands transports de joie à son retour. Celui « qui était l'objet de ces douces affections y fut infiniment sensible. Il s'en « explique dans ses Mémoires particuliers en ces termes : *Et si optabilius est « cursum vitæ conficere sine dolore et sine injuria, tamen ad immortalitatem « gloriæ plus affert, desideratum esse a suis civibus, quam omnino nunquam esse « violatum* Cic., *pro domo*, 32. (Œuvres, t. 1, p. 34.)

(2) Maleteste, *Test. mor.* déjà cité.

pas ses qualités morales. Chose rare dans une solennité de ce genre, il parla surtout de sa modestie, « de « cette vertu qui couronne toutes les autres, sans laquelle « les connaissances même les plus utiles sont à peine « souffertes, et qui fait que nous passons à ceux qui la « possèdent de valoir mieux que nous (1). »

Il y avait en effet, chez Bouhier, quelque chose de plus surprenant que cette science universelle dont j'ai essayé de vous donner une idée; c'était la façon dont il la mettait au service de tous. « Toujours modeste, toujours accessi- « ble, il apportait dans la société cette facilité de mœurs, « cette simplicité de manières qui caractérise le grand « homme. Dans le centre de son cabinet, la tête pleine « de pensées, — chaque fois qu'on l'abordait, qu'on venait « le consulter, — il était toujours prêt à s'interrompre; « il semblait n'avoir jamais autre chose à écouter que ce « qu'on avait à lui faire entendre, autre chose à dire que « ce qu'on souhaitait d'apprendre. On aurait cru qu'il ne « savait que ce qu'on voulait savoir (2)... » *On sortait « d'auprès de lui toujours content de soi et de lui- « même* (3)... »

Voilà par quel secret, Messieurs, le Président Bouhier s'était fait aimer dans le monde savant (4), comme dans le cercle d'amis qui l'entourait. Les hommes les plus

(1) V. *Discours pron. dans l'Acad. franç. le lundi 30 juin 1727, à la réception de M. le Prés. Bouhier*. Paris, Coignard, 1727, in-4° de 19 pages. — Soit qu'il n'ait eu que quelques jours pour se préparer, soit qu'il ait voulu prétendre au style académique, Bouhier se montra très faible. Son discours n'a guère que quatre pages et contient quatre éloges : l'éloge d'Armand (Richelieu), du Chancelier, de Malézieux et de Louis XIV. A chaque pas, sa phrase s'embarrasse au milieu des Muses, de Thémis, des Grâces, etc... Il commença en se présentant comme « élevé dans le sein des Muses, mais de ces Muses austères « qui ont peu de commerce avec les Grâces.... »

(2) Ch. de Brosses. Discours de rentrée de l'année 1746, cité par M. Foisset, p. 108.

(3) Cet éloge délicat est du président de Bourbonne, gendre de Bouhier. V. *Œuvres de jur.*, t. I, p. xxxij, note 1.

(4) Dans une dédicace, un auteur du temps lui disait : « ... *nemo litterarum « amator, qui te non vehementer diligat...* »

illustres venaient le visiter à Dijon (1), et Voltaire lui-même lui écrivait : *Te veneror et tuus esse velim* (2).

Sans craindre la contradiction, il appelait la critique sur ses idées et sur ses œuvres. Il se plaisait dans les controverses, à condition cependant qu'elles fussent loyales et dignes : la moindre insinuation le révoltait. Il aimait la discussion, mais il ne la supportait pas sur ce qui lui paraissait évident. Doux, aimable, bienveillant dans ses rapports quotidiens, il devenait alors ardent et emporté : il avait la franchise de la vérité. « — Sa susceptibilité comme jurisconsulte surtout était extrême (3). »

On le vit bien dans le fameux procès que le Parlement eut à juger, en 1726, sur les testaments faits par les fils de famille.

Après avoir déjà été portée à Nolay et à Beaune, cette affaire vint devant la Chambre des enquêtes que présidait Bouhier. On aurait pu la décider *en fait* : ce fut même sur ce terrain que se placèrent les avocats ; mais dans la Chambre du conseil, Bouhier ramena le procès à la question suivante : un fils de famille, en Bourgogne, peut-il disposer par testament sans le consentement de son père ? — La Chambre des enquêtes se décida, à la majorité de deux voix, pour la négative, qui était l'opinion de son président.

Au fond, il s'agissait de savoir quel était le droit commun de la province : était-ce le droit romain ou les coutumes ?

La question parut si importante qu'il fut convenu qu'elle serait de nouveau jugée les Chambres assemblées, afin de faire sur ce point un arrêt de règlement.

(1) Je citerai, entre autres, le savant cardinal Passionei et cet illustre marquis Scipion Maffei qui, de son vivant, eut, dans sa patrie, l'honneur d'une statue.

(2) V. supra p. 19, note 3. Quant à Bouhier, il savait à quoi s'en tenir sur les protestations de Voltaire. V. la note D, à la fin de cette étude.

(3) Maleteste, même cit.

« Le président Bouhier, dit Maleteste, exigea que je « m'y trouvasse. Je connaissais la chaleur que le Prési- « dent mettait à cette affaire; mais je ne l'avais pas étu- « diée et j'avais peur que si je n'étais pas de son avis il « ne me le pardonnât jamais.... Il y avait peu de temps « que j'avais voix délibérative, je m'excusai sur ce que je « n'en savais pas encore assez pour me décider dans une « question si controversée ; il persista. Je protestai d'y « apporter la plus grande impartialité. Il m'assura bien « que c'était tout ce qu'il demandait, et je me trouvai de « son avis... »

Mais l'arrêt rencontra, au dehors, un contradicteur convaincu.

Vingt-quatre ans auparavant, un avocat au Parlement nommé Fromageot avait donné sur la même question un *certificat d'usage.* Ne pouvant se résoudre à assister en silence au triomphe de l'opinion qu'il avait combattue, Fromageot publia un écrit qu'il répandit partout et qu'il intitula : *Remontrances sur l'arrêt rendu au Parlement de Dijon, en la Chambre des enquêtes, le 19 juillet 1726, et par lequel on prétend,* etc.

Dans cet écrit, il insinuait que l'arrêt de la Cour n'était qu'un service rendu au Président.

Bouhier s'indigna de cette accusation à mots couverts, il répondit par un écrit anonyme intitulé : *Observations sur les Remontrances*, etc., avec cette épigraphe : *Qui admonent amice docendi sunt, qui inimice insectantur repellendi* (De nat. deor., 1, 5). « Sur quoi donc avez-vous « formé ces doutes injurieux? disait-il à son adversaire. « Sur ce que les motifs de l'arrêt renversaient vos idées « chimériques et combattaient un certificat que vous « avouez avoir signé dans un temps que vous étiez encore « novice....... Encore si cette témérité était soutenue de « quelques raisons solides, on pourrait l'excuser; mais « que dira-t-on quand on verra que ces prétendues re-

« montrances ne sont qu'un tissu de paradoxes et de bé-
« vues? Que penser d'un ancien consultant qui semble
« avoir oublié quel est le droit commun de sa province?...
« ...En cela, vous avez été assez aveuglé pour révéler votre
« propre turpitude et pour éterniser la preuve d'une
« ignorance dont la connaissance, renfermée jusqu'à pré-
« sent dans l'enceinte du Palais, n'aurait peut-être jamais
« passé à la postérité.... » (1)

Fromageot prit assez philosophiquement les rudes invectives du Président indigné. En répliquant aux *Observations* de Bouhier par *six lettres responsives,* il disait : « Dans ses notes, il y a que je suis un radoteur, un « ignorant, un censeur, un docteur, un ridicule, un plai- « sant, un déclamateur, que je n'ai avancé que des bé- « vues, des paradoxes et des impertinences, et cent jolis « mots de cette espèce. *On a beau me donner de tels avis,* « *je n'en crois rien.* »

D'ordinaire, MM., quand les disputes en sont arrivées à ce point, elles sont bien près de finir. Il n'en fut pas ainsi cette fois, on échangea jusqu'à cinq brochures de part et d'autre. Enfin, à la cinquième, Bouhier se lassa; il fit cependant une dernière réponse, mais il refusa de la faire imprimer, *pour ne pas perpétuer cette querelle avec un pédant tel que Fromageot* [c'est ce qu'il écrivit en marge de son manuscrit] (2).

Cette longue et regrettable polémique attrista les amis des deux combattants, mais servit du moins à élucider l'intéressante question que je vous ai indiquée.

Bouhier s'était fait le champion du droit écrit. « Une « coutume, disait-il, qui contient aussi peu d'articles que

(1) M. de Marnas ne connaissait sans doute pas les détails de cette polémique, quand il disait de Bouhier : « Indulgent pour tous, *jamais sa parole ne fit la plus légère blessure.* » (Disc. pron. à l'aud. solen. de rentrée de la Cour de Dijon, 3 nov. 1853, p. 22.)

(2) V., sur les discussions de Bouhier et de Fromageot, la note E, à la fin de cette étude.

« la nôtre et qui n'est presque faite que pour régler des « choses inconnues aux Romains, comme les justices, les « fiefs, les mainmortes, les retraits lignagers... etc., ne « peut passer que pour un *supplément du droit Romain,* « joint à une dérogation à un très petit nombre de ses « dispositions. Ainsi c'est se moquer que de l'appeler une « mère loi...» Il appuyait cette opinion sur des lettres patentes de Philippe-le-Bon déclarant que dans le silence ou l'obscurité de la coutume, on devait recourir au droit Romain (1).

En face d'un texte aussi précis, il était difficile d'argumenter, et cependant Fromageot résistait encore et son opinion ne restait pas sans écho. C'est que la Bourgogne ressentait à son tour ce mouvement de réaction contre le droit Romain qui s'était fait sentir dans tous les pays coutumiers, mouvement dont Dumoulin avait donné le signal et qui, depuis le XVIe siècle, avait été toujours grandissant, au point que certains jurisconsultes accordaient à la coutume de Paris une sorte d'autorité générale (2).

Sous ces disputes en apparence toutes juridiques se

(1) Ces lettres patentes disposent expressément « que les cas qui n'y seront pas « compris (dans la coutume), soient décidés selon la disposition du droit « écrit, nonobstant tous usages qu'on pourrait proposer du contraire, à la « preuve desquels les parties ne seront pas reçues. »

(2) « .... Dans ce dédale de coutumes, disait Bretonnier, un des plus ardents « partisans du droit écrit, laquelle choisira-t-on pour en faire le droit com- « mun de la nation? J'entends bien le bruit de la salle du Palais, qui crie que « cet honneur est dû à la Coutume de Paris; mais j'appelle de ce jugement « tumultueux du vulgaire au tribunal éclairé des doctes et des maîtres de « l'art. » (Préf. des œuv. d'Henrys, *Éloge du droit romain*, p. 21.)

Depuis longtemps, cependant, les maîtres de l'art avaient répondu :

« *Jus romanum hic est nec esse potest commune, nisi in locis in hoc regno qui* « *jure scripto reguntur, ubi major adhuc pars scripti juris exolevit.*» (Dumoulin, *Cons. Par.* I, 107).—Comp. *Oratio de concordia et unione consuetudinum Franciæ.*

« Et ce qui m'excite le plus le courroux, écrivait Pasquier au président « Brisson, c'est que, s'il y a quelques cas indécis, nous sommes d'advis qu'il « faut avoir recours au droit commun, entendant par ce droit commun le « droit civil des Romains.... Nous ne recognaissons en rien le droit des Ro- « mains, sinon de tant et en tant que leurs lois se conforment à un sens « commun dont nous pouvons faire nostre profit. » (Voy. *Revue historique*, t. V, p. 72.)

cachait une question d'un immense intérêt, celle de l'unité de législation.

Bouhier désirait cette réforme, il la voulait ; il avait même préparé en ce sens un projet qui malheureusement n'est pas venu jusqu'à nous (1); mais il n'attendait ce bienfait que du législateur.

Jurisconsulte, il cherchait le remède dans le droit Romain qu'il appelait « *le grand Océan de la Jurisprudence* (2). »

Telle est la pensée qui domine ses *Observations sur la Coutume de Bourgogne.*

Ce livre n'est pas un commentaire comme pourrait le faire croire son titre (3). C'est « une suite de dissertations « très remarquables,» (4) « sur des matières qui sont d'un « usage fréquent dans la pratique et qui produisent sou- « vent des difficultés très intriguées (5) ».

La forme dogmatique convenait mieux, du reste, à l'esprit de Bouhier que le commentaire. « Lorsqu'on veut « traiter à fond chaque matière, dit-il dans sa préface, « on ne saurait y réussir qu'en descendant insensible- « ment de principes en principes et de conséquences « en conséquences, à peu près suivant la méthode des « géomètres et des philosophes... Une chose que j'ai tâché « d'observer religieusement, ajoute-t-il, c'est de ne pas « avancer la moindre proposition sans en apporter la « preuve...

« Pour ce qui est du style que j'ai employé dans cet

(1) Ce fait est rapporté par M. le comte de Brosses, dans une notice biog. sur son aïeul le Président de Brosses. « Le Président Bouhier avait rédigé un « projet de législation uniforme pour toute la France. Ce curieux travail « existait entre les mains du Président de Bévy ; saisi avec tous les papiers « de ce magistrat pendant son émigration, il a été perdu. »

(2) *Observat. sur la Cout.*, p. 379.

(3) Les *Observations* sont précédées d'un commentaire ou plutôt d'un programme de commentaire intitulé : *Conférence de la cout. du duché de Bourg.*

(4) M. Dupin (*Biograph. des princip. aut. de droit.*)

(5) Avert. du t. II des *Observ.*, pub. en 1746, quelques mois après la mort de l'auteur.

« ouvrage si on n'y trouve ni les fleurs de l'éloquence, « ni un langage trop étudié, je ne crois pas devoir m'en « excuser..... Les matières dogmatiques ont une espèce « d'éloquence particulière qui consiste dans la clarté des « expressions, dans la propriété des termes et dans l'or- « dre méthodique des preuves. »

En un mot, Messieurs, l'indépendance dans les opinions unie à un respect scrupuleux de la loi, une science profonde rehaussée de toutes les richesses d'une solide érudition, la netteté dans l'exposition, la vigueur dans la discussion et la clarté dans le style : — voilà les principales qualités qui font de ce livre « un magnifique monument de « notre ancienne littérature juridique (1). »

Le premier volume parut en 1742. Bouhier y avait joint le travail qu'il avait déjà publié en 1717 ainsi qu'une collection méthodique des anciennes coutumes du duché avant leur réformation (2). Il préparait le second volume quand la mort vint terminer sa vie si bien remplie.

Déjà en 1727 l'affaiblissement de ses forces avait déterminé le président Bouhier à abandonner sa charge et à prendre des *lettres de vétérance*. Néanmoins il s'était montré longtemps presque aussi assidu au Palais qu'avant d'avoir donné sa démission. Il avait pris notamment une part très active et très remarquée aux délibérations de sa compagnie relativement à la fameuse ordonnance sur les donations, dont le projet avait été soumis aux Parlements. Mais enfin, un jour était venu où les souffrances l'avaient cloué sur son fauteuil.

« Dans ces tristes moments où il n'avait de libre que

(1) M. Ch. Giraud. *Rev. de lég.*, t XVIII, p. 292.

(2) Voyez sur cette collection la note F, à la fin de cette étude.

Les *Observations sur la Cout. de Bourg.* ont été rééditées en 1787 par le président Joly de Bévy, qui avait entrepris de publier toutes les œuvres de jurisprudence de Bouhier. Ce grand ouvrage qui devait, je crois, comprendre quatre volumes in-folio, a été malheureusement interrompu par la Révolution : deux volumes seulement ont paru.

« la tête et le cœur (1), » il pensait encore aux lettres et à ses amis. Il préparait une vie de Saumaise et se vengeait de la goutte en écrivant l'histoire des savants qui ont souffert de cette cruelle maladie. Quelques jours avant sa mort, il réunissait une dernière fois autour de lui, les membres de sa petite académie et leur communiquait en riant l'épitaphe qu'il s'était composée pendant ses longues insomnies :

Qui tristem coluit Themidem facilesque camœnas
Conditur hoc Janus (2) *marmore Buherius.*

Il eut de ces saillies d'esprit jusqu'à ses derniers moments.

Ce ne fut cependant pas,— comme on la dit,— avec le stoïcisme ou l'indifférence affectée d'un philosophe que Bouhier envisagea la mort, mais bien avec l'espérance et la résignation d'un chrétien. Il venait de recevoir les secours de la religion et d'accomplir les devoirs qu'elle impose, quand il adressa ses derniers adieux à sa vieille mère octogénaire et à ses petits-enfants qui l'entouraient (3).

Il mourut à Dijon le 17 mars 1746. — Cinq ans après, d'Aguesseau expirait à Paris.....

Le président Bouhier fut loué dans le Parlement par Charles de Brosses, et à l'Académie française par Voltaire son successeur et par l'abbé d'Olivet son ami.

En faisant l'éloge du Dijonnais, Voltaire n'oublia pas Dijon. — Au milieu de l'Institut où il pouvait apercevoir plus d'un Bourguignon, il parla de cette ville « qui a pro-

(1) Eloge de Bouhier à l'Acad. franç. par l'abbé d'Olivet.

(2) Avec les éditeurs des *Souvenirs* de Bouhier, je crois qu'il faut voir dans le barbarisme *Janus* (employé pour dire : *Jean*), un jeu de mots exprimant avec concision les deux parts que le Président sût faire de sa vie : l'une consacrée aux lettres, et l'autre à sa charge.

(3) Sur la mort du Président Bouhier, voy. la note G, à la fin de cette étude

« duit tant d'hommes de lettres et où le mérite de l'esprit « semble être un des caractères des citoyens. »

Charles de Brosses, chargé par sa Compagnie de prononcer le discours de rentrée, avait pris pour sujet : *La puissance de l'exemple.* — Titre heureusement choisi qui rappelait à lui seul toute la vie de Bouhier.

Pour dire à ses collègues les devoirs de leur état, pour leur inspirer l'amour de ces travaux quotidiens, toujours obscurs, souvent arides, qui n'ont de récompense que le sentiment du devoir accompli, — pour leur montrer à quel prix la gloire est au bout de tout cela, — de Brosses n'avait qu'à se souvenir du grand magistrat qui venait de mourir. Aussi, en terminant et par une transition toute naturelle, put-il s'écrier :

« Oui, Messieurs, l'exemple de Monsieur le Président « Bouhier (car vous le reconnaissez déjà tous à des traits « si ressemblants) sera pour nous et pour nos successeurs « une leçon permanente.— Qui ne prendra l'esprit d'un « état auquel cet homme illustre a dû sa principale « gloire?.... »

« Et par quels moyens, ajoutait de Brosses, par quels « moyens est-il parvenu à ce degré de renommée ? Par « des moyens simples et faciles qu'il a pratiqués sous nos « yeux, *qu'il a mis dans nos mains* : en ne perdant pas un seul « moment de son temps, en regardant toujours la jurispru- « dence et les devoirs de son état comme l'objet principal « auquel tous ses autres travaux étaient subordonnés..... « Savant littérateur, judicieux critique, profond antiquaire, « habile historien, *il savait tout, mais principalement ce « qu'il devait savoir*....»

A ces réflexions qui expriment si justement la conclusion de cette étude, je n'ajouterai qu'un mot, Messieurs, — c'est que bientôt, consacrés à des titres divers au service de la justice et du droit, nous sachions à notre tour, — par nos paroles, nos actes, notre vie, — faire sentir autour de nous la puissance de l'exemple.

La puissance de l'exemple! il l'avait comprise, Messieurs, le professeur dévoué qui, en fondant cette conférence, nous ménageait ces réunions charmantes, où chacun vient s'échauffer au rayonnement de tous; où le Droit devient vivant en se revêtant des formes brillantes que vous savez lui donner; où enfin les discussions ne nous empêchent jamais de reconnaître des amis dans nos adversaires.

En nous réunissant dans cette Ecole à laquelle tant de souvenirs nous rattachent, la pensée de M. Neuville se portait bien au-delà de ces murs : il voyait l'avenir et il voulait nous y préparer.

Aussi, avec quelle exactitude il nous présidait! avec quelle ardeur il se mêlait à nos exercices!.... vous ne l'avez pas oublié.

Il apportait parmi nous ce dévouement constant et infatigable, qui était un des traits distinctifs de son caractère, dévouement soutenu par une solide foi religieuse et par une sorte de passion du devoir.

C'était ce dévouement qui lui avait inspiré ces cours d'économie politique dans lesquels il réfutait, — avec trop d'atticisme peut-être pour un auditoire populaire, — les institutions de l'Isle d'Utopie, et montrait dans le travail le vrai chemin de la fortune (1).

C'était toujours le même dévouement qui, au sortir de cette Faculté où il enseignait le droit civil, le poussait à l'école des Frères où, avec une patience toute paternelle,

(1) Trois de ces conférences ont été publiées :
Le Chemin de la Fortune, d'après Franklin (février 1866).
Voyage du sens commun à l'Isle d'Utopie (mars 1866).
Initiative et Devoir (mars 1866).

il stimulait par ses reproches et ses encouragements de jeunes enfants pauvres de dix à douze ans.

A tant de travaux il consumait sa vie..... Et cependant il trouvait encore le temps d'écrire.

Il préparait une Introduction à l'étude du droit; en même temps, il méditait les graves problèmes que soulève l'immixtion du pouvoir civil au sein de la famille, et se proposait de publier sur la puissance paternelle un ouvrage qui aurait eu assurément son originalité.

Quelques jours avant sa mort, et par une sorte de secret pressentiment, il écrivait sur un de ses cahiers de notes cette épigraphe dans laquelle se révélait toute son ambiion d'auteur : *Non omnis moriar*.

Hélas! la mort est venue interrompre ses travaux... .. aucun ouvrage ne survivra à notre maître si regretté.

Mais c'est à nous, Messieurs, à réaliser son dernier vœu.

Non, il n'est pas mort tout entier; il vivra dans le souvenir de ses élèves dont il voulait bien faire ses amis.

Il n'est pas mort tout entier, même pour cette Conférence; car, à l'exemple des athlètes antiques qui se passaient de main en main leurs torches enflammées, nos maîtres semblent se transmettre le feu de la science et du dévouement, feu sacré qui ne s'éteint jamais dans cette Ecole.

Monsieur La Place n'a pas voulu laisser périr l'œuvre de M. Neuville. Depuis un an déjà, ce maître savant et dévoué préside notre petite république : il la préside avec un zèle et un libéralisme que sa présence m'empêche de louer, mais dont je suis heureux et fier de le remercier au nom de toute la Conférence.

NOTES ET ÉCLAIRCISSEMENTS

Note A. — (Voyez p. 18.)

SUR LA BIBLIOTHÈQUE DU PRÉSIDENT BOUHIER.

Bouhier étant mort sans enfants mâles, cette magnifique bibliothèque passa dans la famille de Bourbonne ; puis elle échut au comte d'Avaux, gendre de Marc-Antoine de Bourbonne.— Ce gentilhomme, « militaire plein d'hon- « neur, mais plus habile à manier l'épée que les livres, » la vendit, en 1781, à l'abbaye de Clairvaux pour un prix bien au-dessous de sa valeur (135,000 liv. — elle était estimée plus de 300,000 liv.).

« Cette bibliothèque,— écrivait à d'Alembert, en juillet 1782, un homme de « lettres connu, qui était sur les lieux, — cette bibliothèque vient de se faire « enterrer à Clairvaux : *sero sapiunt Phryges*. On la met en tas, à mesure « qu'elle arrive, et on la logera, dit-on, dans 15 ou 20 ans, dans un bâtiment « de 40,000 écus, dont les fondements ne sont pas encore jetés. — Peut-être « dans cet intervalle, se formera-t-il un bibliothécaire. — *Comment les Etats « de Bourgogne n'ont-ils pas été jaloux de fixer chez eux un pareil trésor?...* »

Quelques années plus tard, les fondements du bâtiment de 40,000 écus n'étaient pas encore jetés, la Révolution avait chassé les moines de Clairvaux, et les beaux livres du Président, de nouveau *mis en tas*, étaient transportés à Troyes, où ils forment actuellement le principal fonds de la bibliothèque publique. Pendant le Consulat, le citoyen Chardon-la-Rochette et plus tard le docteur Prunelle, professeur à la Faculté de médecine de Montpellier, furent chargés par le Gouvernement de faire un triage parmi tous ces volumes. Ce fut à la suite de cette mission qu'une partie considérable des livres et presque tous les manuscrits des Bouhier furent partagés entre la bibliothèque nationale et la bibliothèque de l'École de médecine de Montpellier.

V. Catal. gén. des bibl. publ. des départ., t. II. — Avert.

Note B. — (Voyez p. 19)

LA QUESTION DE BIBRACTE ET DU MONT BEUVRAI

AU TEMPS DU PRÉSIDENT BOUHIER.

(1) Le P. Oudin, — qui a laissé en manuscrit un *Glossaire celtique*, — s'intéressait à tous les problèmes de notre histoire locale, et probablement Bouhier n'y restait pas étranger.

Le savant jésuite s'occupa particulièrement de la question de *Bibracte*, — il combattit l'opinion de l'abbé Germain (un Autunois), qui plaçait l'ancienne capitale des Eduens à Autun, — celle de Hugues de Salins (un Beaunois), qui la plaçait à Beaune, et repoussa le sentiment patriotique de ce maire d'Ales,

M. de Mandajore, qui voyait Bibracte dans Pebrac et *Alesia* dans sa ville d'Ales. — On trouve dans les *Mélanges historiques de Bernard Michaud.*— Paris, 1754, t. II, p. 156 et suiv.,— tous les éléments de cette vieille discussion que bien des gens croient récente, parce qu'elle divise et passionne encore aujourd'hui nos antiquaires.

Note C. — (Voyez p. 20 et p. 14, note 3.)

SUR LE TALENT POÉTIQUE DU PRÉSIDENT BOUHIER.

On a émis des opinions bien diverses sur le talent poétique de Bouhier. — Les uns, comme le président Hénaut, ont dit qu'il avait « atteint dans la poé« sie française les beautés des plus grands poètes de l'antiquité. » — Les autres n'y ont vu qu'un travers et ont rappelé la ridicule définition qu'il a donnée de la poésie. « La poésie est une danse de paroles inventée pour le plaisir des « oreilles...... Cet art ressemble à celui des danseurs et des voltigeurs qui « élèvent légèrement leur corps en l'air et se font admirer par des tours de « souplesse qui ravissent d'autant plus que nous sommes moins capables d'y « atteindre (1)..... » (Préface du poëme de Pétrone.)

L'abbé d'Olivet s'éloignait également de ces deux opinions extrêmes quand il écrivait à son ami : « Je suis persuadé que dans vos 700 vers, il y en a trois « ou quatre cents qui sont aussi bien tournés et, comme disent nos beaux « parleurs, aussi bien frappés que les plus beaux de Racine ou de Boileau, — « il ne faut point leur laisser de camarades qui leur fassent honte. »

Pour moi, je dirai que le président Bouhier avait ce talent facile qui suffit pour donner une réputation aux vivants, mais non pour conserver aux morts la renommée. — Il n'avait pas ce feu divin qui embrase l'âme des poètes et qui, seul, donne à leurs œuvres le souffle de l'immortalité.

Aussi, malgré « les coups de lime » qu'il se plaisait à leur donner, ses traductions et ses imitations en vers sont-elles aujourd'hui oubliées.

Les pièces fugitives qu'il faisait en se jouant et sans penser à la postérité, sont peut-être, — je parle de quelques-unes seulement, — celles qu'on lirait le plus volontiers aujourd'hui. On y sent parfois ce *sel bourguignon* dont les Dijonnais parlent si volontiers. On y reconnaît, — quoiqu'à une distance considérable, — le compatriote de La Monnoye et de Piron.

En voici quelques fragments inédits. Je les ai choisis entre d'autres, parce qu'ils m'ont paru ajouter quelques traits au portrait de l'homme dont je viens d'étudier la vie.

C'est d'abord un sonnet, dirai-je avec Oronte. Je ne crois pas qu'il vaille un long poëme; les vers en sont durs, mais le tercet final laisse une franche impression et résume bien la pensée de l'auteur.

La constante uniformité
Des ouvrages de la nature ;
Des animaux, de leur structure
L'admirable diversité ;

(1) Il faut croire que Bouhier tenait à cette comparaison, car, dans une lettre à l'abbé Leblanc (Dijon, 17 janvier 1734), il disait : « Nos prosateurs, depuis quelque temps, ressem« blent presque tous aux *danseurs de corde* qui voltigent bien et marchent mal. » (Les lettres de Bouhier à l'abbé Leblanc ont été publiées en 1825.)

Ces astres dont l'activité
A toujours la même mesure;
Tout enfin, me dit Epicure,
Par le hasard fut enfanté.

Lucrèce exposant sa physique
M'en fait goûter la méchanique :
Tout son système est bien tourné.

Avec plaisir j'en lis l'histoire;
Et si j'étais aveugle-né
Peut-être pourrais-je l'en croire.

BOUTS-RIMEZ SUR LA CONSTITUTION UNIGENITUS.

Pour ou contre Quesnel, grands, petits, sont . . . . . cabale,
De notre foi chacun exige le . . . . tribut,
L'un dit que de la Bulle un noir poison s'. . . . . . . exhale;
L'autre tient que sans elle il n'est point de . . . . . . salut.

Comment franchirons-nous ce tortueux . . . . dédale?
Je ne vois qu'un sentier qui mène droit au. . . . . . . but;
Demandons au Seigneur sans fin, sans . . . . intervalle,
D'écarter de nos cœurs la voix de . . . . Belzébuth.

Sur le dogme au surplus fuions tout . . . . paradoxe;
Tâchons que tous les ans l'un et l'autre . . . . équinoxe
Voye en nous de vertus doubler le. . . . . numéro.

La Foi veut qu'on soit ferme; et qui doute la. . . . . . sape;
Je m'en tiens sur ce point à mon évêque, au . . . . . . pape:
Est-ce à moi de juger, qui ne suis qu'un . . . . zéro?

DESCRIPTION DE BOURBON L'ARCHAMBAUD

A M. de La Monnoye, correcteur en la Chambre des comptes de Dijon (1706).

Ami, depuis six semaines,
Je cours par monts et par plaines,
Sans qu'en rien de ton destin,
Epître ni gazetin,
Ni la déesse aux cent ailes
M'apporte vent ni nouvelles.
Si, ne puis-je plus longtemps
Sur ce point être en suspens.
Non qu'à peu près, La Monnoye,
Je ne sçache à quoi s'employe
Cette aimable oisiveté
Dont ton cœur est enchanté;
Oisiveté non oiseuse,
Mais vive et laborieuse,
Telle que goûte à souhait
Un papimane parfait,
Et qui n'engage qu'à faire
Ce qui doit et qui peut plaire;
Mais, je voudrais en détail
Sçavoir quel est le travail
Auquel à présent s'amuse
Ta docte et sensible muse.
Enfles-tu le chalumeau
Pour mériter de nouveau
Les unanimes suffrages
De tous les quarante sages?
Ou bien si. . . . .
. . . .
. . . .
Quoi qu'il en soit, apprends-moi
Ce qui t'occupe chez toi,
Promettant en récompense
De t'instruire à suffisance
De ce qu'on voit à Bourbon,

Soit de mauvais ou de bon;
Non qu'il en vaille la peine,
Mais, après course lointaine,
Tu sçais que tout pèlerin
Aime à conter son destin.
Le mien t'ôtera l'envie
De voir Bourbon de ta vie.
Jamais plus affreux séjour
Ne fut éclairé du jour,
Et j'ai regret, je te jure,
De t'en faire la peinture.
Cependant, si, trait pour trait,
Tu veux en avoir le portrait,
Forme en ton esprit l'estampe
D'un val fait en cul-de-lampe,
Dont les abords sont coupés
Par des rochers escarpés,
Ou des montagnes chenues
Qui se perdent dans les nues.
Puis, trace au fond de ce val
Le sombre et fangeux canal
D'une eau couleur de marmite,
Vraye image du Cocyte.
Là, d'un rocher souterrain,
Pour le bien du genre humain,
Sort une source profonde :
Source en miracles féconde,
Et dont les bouillons ardents
Surprennent les regardants.
Sur sa brûlante surface
Nage une éternelle crasse
Dont, par de secrets ressorts,
Les sels pénètrent nos corps,
Soit que cette noire écume
Soit nitre, souphre ou bitume;
Car, sur ce douter je voi
Gens plus habiles que moi.
Un seul point je ne dois taire,
C'est qu'à cette eau salutaire
Accourent de tous climats
Malades de tous états,
Dans ces saisons de l'année
Où la nuit et la journée
Partagent également
L'empire du firmament.
Là, l'on voit force hydropiques,
Etiques, paralytiques,
Impotents, manchots, boiteux
Et maints autres souffreteux,
Pâles, transis et livides,
Bref, un peuple d'invalides
Chercher en cet élément
Un remède à leur tourment.
L'un se contente d'en boire,
L'autre, au fond d'une baignoire,
Attend que, par sa chaleur,
L'onde apaise sa douleur.
Celui-là, sur une couche,
Reçoit la bouillante douche
Et, de son long étendu
Presque en eau se voit fondu.
C'est là qu'en mesme couchette
Sont le sceptre et la houlette,
Et que grands comme petits
Gisent en pareils habits :
J'entends ceux que la nature
Fit à chaque créature.

. . . .
. . . .

Or, en sçais-tu, par ma foi,
Sur ce point autant que moi ?
Sur beaucoup d'autres encore,
Jusqu'à la prochaine aurore
Je pourrais t'entretenir;
Mais il est temps de finir.
Adieu donc, cher La Monnoye,
Dieu tienne ton cœur en joye
Et me conserve un ami
Que je ne vois qu'à demi!
De Bourbon, fort triste ville,
L'an sept cent six et mille,
Ce mardi de bon matin,
Le beau premier jour de juin.

Le Président préférait Vichy à Bourbon-l'Archambault.

. . . . . Vichy d'Esculape et sa Cour
Deux mois de l'an l'ordinaire séjour.
Non sans raison l'on voit ce Dieu s'y plaire;
Jamais climat ne fut plus salutaire.
. . . .
Bois, vignes, préz, tout embellit ces lieux ;
Là, sont vergers bordés de vives hayes,
Ici bosquets et riantes saussayes,
Là vieux noyers, ici, chesnes épais,
Partout du verd et des ombrages frais.

A côté de ces pièces et d'autres du même genre, se trouvent aussi — hélas ! — dans les papiers du Président, plus d'un badinage rimé qui ne sentent que trop les boudoirs du XVIIIe siècle. C'est que Bouhier n'avait pas complétement échappé à l'atmosphère licencieuse de son temps. En parlant de ses nombreux travaux juridiques et littéraires, il disait :

Ce que j'ai fait en ce genre est connu;
Mais comme il faut toujours être ingénu,
J'aurais fait mieux si ma jeunesse ardente
Pour les plaisirs avait eu moins de pente.
. . . .
J'en dis ma coulpe (1) et regrette cet âge
Où j'ai du temps fait un si fol usage.

Jamais, du reste, le Président n'aurait livré à la publicité ces pièces rimées un jour pour être oubliées le lendemain (2). (La plupart sont écrites sur de petits bouts de papier comme choses auxquelles on attache peu d'importance.) — Il comprenait la retenue que doit s'imposer un écrivain dont les livres parlent à tout le monde (voy. son mémoire sur Montaigne, *in fine*).— A propos d'un roman licencieux de Crébillon fils, il écrivait à l'abbé Leblanc. — « Je « rougis pour notre siècle des applaudissements qu'osent même donner les « femmes à un ouvrage de cette espèce. J'en rougis d'autant plus qu'il n'y a « guère plus d'esprit que de mœurs..... *ô sæclum insipiens!...* » — Ne faisons donc pas rougir Bouhier dans sa tombe. N'allons pas faire pour lui ce qu'on a malheureusement fait pour son ami La Monnoye. Ecrire des vers licencieux, c'est sans doute faire une mauvaise action, mais les publier, c'est, comme l'a dit de Bonald, « la plus grande faute qu'on puisse commettre, *parce qu'on ne peut cesser de la commettre.* »

Note D. — (Voyez p. 19, note 3, et p. 32, note 2.)

VOLTAIRE JUGÉ PAR LE PRÉSIDENT BOUHIER.

Bouhier devait assurément être touché de voir Voltaire quitter pour lui la langue française et se remettre au latin ; mais il n'était pas dupe de ses compliments. — Le 24 mai 1733 il écrivait à M. de Ruffey : « Je vous rends, « Monsieur, de nouvelles grâces pour le *Temple du goût.* C'est une pièce à « lire et à garder pour sa singularité. On y reconnait partout le caractère de « l'auteur à qui on ne peut refuser qu'il ait de l'esprit, du talent et de la faci- « lité, mais qui en abuse étrangement en tout sens.... *Quel orgueil d'expulser « presque tout le monde du temple du goût, comme il avait déjà fait de celui « de l'amitié, pour s'y placer presque tout seul !....*

Quelques années plus tard, il écrivait à l'abbé Leblanc : « J'ai enfin vu l'*Al- « zire.* Ceux qui l'ont baptisée *un catéchisme* n'ont pas mal rencontré. On ne « peut nier qu'il n'y ait de beaux morceaux dans cette pièce comme dans « toutes celles de l'auteur; mais l'ordonnance n'en plaira jamais aux connais-

(1) En marge il y a : *J'en suis honteux.*

(2) Ce ne fut même pas sans hésitation qu'il fit imprimer ses œuvres sérieuses :

Non recito cuiquam nisi amicis, idque coactus;
Non ubivis, coramve quibuslibet. . . . (HOR., lib. I, sat. IV.)

disait-il.

« seurs, ni la morale aux gens sensés. *On aperçoit trop son but en fait de reli-* « *gion; c'est pourtant ce qui lui donne le plus de vogue au temps présent. Mais* « *cela pourra bien le faire tomber dans la suite....* »

Note E. — (Voyez p. 33 et suivantes.)

BOUHIER ET J.-B. FROMAGEOT.

L'histoire littéraire de la province a conservé les noms de deux Fromageot, le père et le fils. — Ce fut le père qui soutint contre Bouhier l'ardente polémique dont j'ai parlé. Cela ne saurait être douteux, bien que presque toutes les biographies : la *Biographie universelle*, la *Biographie générale*, la *Galerie bourguignonne* et Courtépée lui-même (2e édit., t. II, p. 148), aient confondu en ce point, comme en plusieurs autres, le père et le fils (1). — En effet, ce dernier naquit à Dijon le 10 septembre 1724 ; or les querelles littéraires de Bouhier et de Fromageot commencèrent deux ans après, en 1726.

J'ai essayé de résumer ces querelles dans le tableau suivant :

Première Polémique.

BOUHIER.	FROMAGEOT.
	Remontrances sur l'arrêt rendu au Parlement de Dijon, en la Chambre des enquêtes, le 19 juillet 1726, par lequel on prétend qu'il a été jugé que la donation à cause de mort faite par un fils de famille sans le consentement de son père était nulle.
Observations sur les Remontrances etc.... Les Remontrances et les Observations furent réunies en un vol. in-4°, sur deux colonnes, en regard les unes des autres, sous le titre de : Arrêt notable du Parlement de Dijon, du 19 juillet 1726, sur la question *Si un fils de famille....* etc., avec quelques dissertations pour et contre sur cette matière servant d'éclaircissement à la Coutume de Bourgogne. Dijon, A. de Fay., 1728.	
	Six lettres responsives concernant la capacité des fils de famille en Bourgogne pour tester.
Réflexions de Me..., avocat à la Cour, sur les *Lettres responsives* de Me....	

(1) Le père avait été nommé professeur de droit en 1723, c'est-à-dire dès la fondation de l'Université de Dijon. — Le fils a été secrétaire de l'Académie de Dijon ; il a laissé entre autres ouvrages *Les Lois ecclésiastiques tirées des seuls Livres saints*. Dijon, 1753. Son éloge, qui fut le premier prononcé dans l'Académie de Dijon, est inséré au t. I des *Mémoires*, p. CXXIII.

BOUHIER. FROMAGEOT.

Essai de réponse aux réflexions ou notes de Me..., avocat à la Cour, sur les six lettres de N..., pour servir d'éclaircissement à la question du testament des fils de famille en Bourgogne, par Me... (1729.)

Jugement de Me..., avocat au Parlement de Paris, sur un écrit intitulé : *Essai de réponse* aux réflexions ou notes de Me..., avocat à la Cour, sur les six lettres de N..., etc. Dijon, 1729; in-12.

Essai de réformation d'un jugement rendu par un avocat au Parlement de Paris sur une dispute littéraire entre deux avocats au Parlement de Dijon (1730).

Lettre de Me..., avocat au Parlement de Paris, à Me..., servant de réponse à un écrit intitulé : *Essai de réformation* d'un jugement rendu par..., etc. (1730.)

Essai de réplique à la lettre d'un avocat au Parlement de Paris. 1731, in-8o.

J'ai déjà dit que le Président Bouhier avait fait une cinquième réponse, mais qu'il n'avait pas voulu la faire imprimer « pour ne pas perpétuer « cette querelle avec un pédant tel « que Fromageot »; (ce sont ses propres termes).

Deuxième Polémique.

Dissertation sur le regrès en matière bénéficiale. — 1726; in-4.

— *La jurisprudence du regrès bénéficial* justifiée contre l'ouvrage du Président Bouhier. — Dijon, 1726; in-12.

Troisième Polémique.

Traité de la dissolution du mariage pour cause d'impuissance, avec quelques pièces curieuses sur le même sujet. Luxembourg, 1735 ; in-8o.

(Ce traité qui avait été composé à la suite d'une affaire de cette nature qui s'était présentée au Parlement, fut imprimé à l'insu de l'auteur par suite de l'indiscrétion de quelques amis auxquels il l'avait communiqué.)

— *Consultation pour M. l'abbé de..., vice-gérant de l'officialité de....*, sur le Traité de la dissolution du mariage pour cause d'impuissance, imprimé à Luxembourg en 1735. Dijon, 1739 ; in-12.

Bouhier le fit réimprimer avec des notes sous le titre de :

Remarques d'un anonyme mises en

BOUHIER.	FROMAGEOT.
marge d'une consultation pour M. l'abbé de.... etc.	*Eponge des notes* pour servir de réponse aux *remarques d'un anonyme* mises en marge d'une consultation.... etc. 1739.

Quatrième Polémique.

Remarques sur les Tusculanes de Cicéron, avec une dissertation sur Sardanapale, dernier roi d'Assyrie. — Paris, Gaudoin, 1737 ; in-12.	*Observations* adressées à l'auteur des *remarques* sur les livres de Cicéron, de la nature des dieux, Tusculanes et autres, où l'on examine particulièrement la religion de Cicéron, avec quelques points de la doctrine académique. Dijon, 1738; in-12 (1).
Lettre de maître...... bedeau en l'Université de..... à M.... docteur régent en la même Université.	. . . .

D'après ce tableau, — peut-être encore incomplet, — on pourrait croire que Fromageot avait prononcé contre Bouhier le fameux serment : *Quodcumque dixeris argumentabor.*

Note F. — (Voyez p. 37.)

LES ANCIENNES COUTUMES DU DUCHÉ DE BOURGOGNE,

PAR LE PRÉSIDENT BOUHIER.

Bouhier avait en sa possession quatre manuscrits de nos anciennes coutumes. On lui a fait, dans ces derniers temps, un très gros grief de ne les avoir pas publiés intégralement, — « au lieu de publier textuellement ces divers Coutumiers ou celui d'entre eux qui lui paraissait le plus digne d'être livré à l'impression, dit M. Ch. Giraud (*Rev. de lég.*, t. XVIII, p. 292). Bouhier eut la *fatale pensée* de composer selon l'ordre de ses idées personnelles un ancien Coutumier de Bourgogne, avec des centons pris çà et là dans les divers manuscrits qu'il possédait.... » C'est ainsi que « de plusieurs textes français de divers temps et de différents auteurs, il a fait une compilation bizarre, apocryphe dans sa forme, tronquée dans une foule de parties et composée de fragments

(1) Sur l'exemplaire de ce livre que possède la bibliothèque de Dijon (exemplaire qui provient *ex bibliotheca publica collegii Divio-Godranii*), on lit la note suivante : « Ces observations sont du sieur Fromageot, professeur en droit canon. Quoique fort bonnes, elles « ont été estimées plus qu'elles ne valent. M. le Président Bouhier, auteur des *Remarques* « *sur les livres de Cicéron*, a répondu par lui ou par quelqu'un de ses amis; mais cette « réponse n'a point fait honneur à son auteur.... »

réunis en un ordre tellement arbitraire qu'on n'y reconnaît plus le caractère original de ces ouvrages. »

— Je comprends ces regrets d'antiquaire; tous ceux qui s'intéressent à l'histoire du droit les partageront. Mais faut-il s'en prendre à Bouhier? — Il n'a pas fait cela, parce qu'il a voulu faire autre chose. — C'est M. Ch. Giraud lui-même qui le dit : « L'ouvrage de Bouhier conserve une utilité réelle en ce qu'on peut le considérer comme une *exposition méthodique*, quoique incomplète, du vieux droit civil de Bourgogne. Il ne lui manque que l'authenticité du texte. »

Du reste, il ne faut pas se laisser abuser par ce mot: *authenticité*. Cette expression, appliquée d'une façon générale aux anciennes coutumes, a quelque chose d'impropre; car, en réalité, il n'y avait alors aucun texte authentique; (c'est à raison de ce fait que tous les manuscrits diffèrent entre eux). Les coutumes avant leur rédaction n'étaient que des usages, et ces usages étaient constatés, non par un texte précis, comme ils le furent depuis, mais par la doctrine des juristes, par les arrêts des Cours de justice et par des enquêtes qui, une fois consignées sur le parchemin, devenaient pour l'avenir des monuments écrits. On comprend donc que Bouhier ait pu, sans scrupules, faire un *Digeste* des documents de ce genre qu'il possédait, d'autant plus qu'en tirant de l'oubli les anciennes coutumes du duché, il pensait servir la jurisprudence encore plus que l'histoire. Il distinguait deux parties dans notre droit municipal : l'une qui était *un supplément* du droit romain et l'autre *une dérogation* à ce droit; et d'après son opinion, cette seconde partie devait s'expliquer par les anciennes coutumes, de même que la première devait s'expliquer par les pandectes.

Note G. — (Voir p. 38.)

SUR LA MORT DU PRÉSIDENT BOUHIER.

Un jour qu'on disait devant Madame du Deffant que Voltaire n'avait rien inventé, — comment! reprit celle-ci, mais il a inventé l'histoire!

Cette saillie m'est remise en mémoire par le conte qui fut inventé au XVIIIe siècle sur la mort du Président Bouhier. « Le père Oudin, disait-on, « s'étant approché de lui pendant sa dernière heure, lui trouva l'air de quelqu'un « qui médite profondément; il lui demanda ce qui l'occupait : M. Bouhier lui « fit signe de ne le point troubler; le P. Oudin insista et M. Bouhier fit un « effort pour prononcer : *j'épie la mort.* »

Cette manière de mourir fut trouvée *très philosophique.*

L'histoire fit promptement fortune. Mais la famille du Président la démentit formellement et protesta surtout contre la prétendue incrédulité de Bouhier. Du reste, la *Notice* du P. Oudin et les *Mélanges* de Michault (t. II, p. 242) ne peuvent laisser aucun doute sur ce point. — C'est donc encore un mot à ajouter à tous ceux dont M. Ed. Fournier a fait collection pour composer son intéressant volume : *De l'Esprit dans l'Histoire.*

D'Alembert a adopté cette anecdote tout en rendant hommage aux sentiments chrétiens de Bouhier. Voici le passage : — je le cite parce que, dans plusieurs biographies, il y est fait allusion d'une façon inexacte. — « Il expira « entre les bras du savant Père Oudin, jésuite, avec les sentiments de religion « qui avaient fait la règle de sa vie. On a remarqué, à la louange des érudits, « que cette classe de gens de lettres est celle où il se trouve le moins d'incré-

« dules...... Le désir si naturel de mettre à profit l'immensité de leurs lecture
« les dispose facilement à connaître et à sentir toute la force des preuves his
« toriques qui servent au christianisme de fondement et d'appui.......... Le
« sentiments de religion que le Président Bouhier fit paraître dans sa longu
« maladie ne l'empêchèrent pas de conserver jusqu'à la fin toute la tranquillit
« et même la sérénité philosophique, et contribuèrent peut-être à conserve
« en lui cette disposition si heureuse et si rare. Un ami s'étant approché d
« lui.... » Suit l'histoire....

Dijon, imprimerie J.-E. Rabutôt.

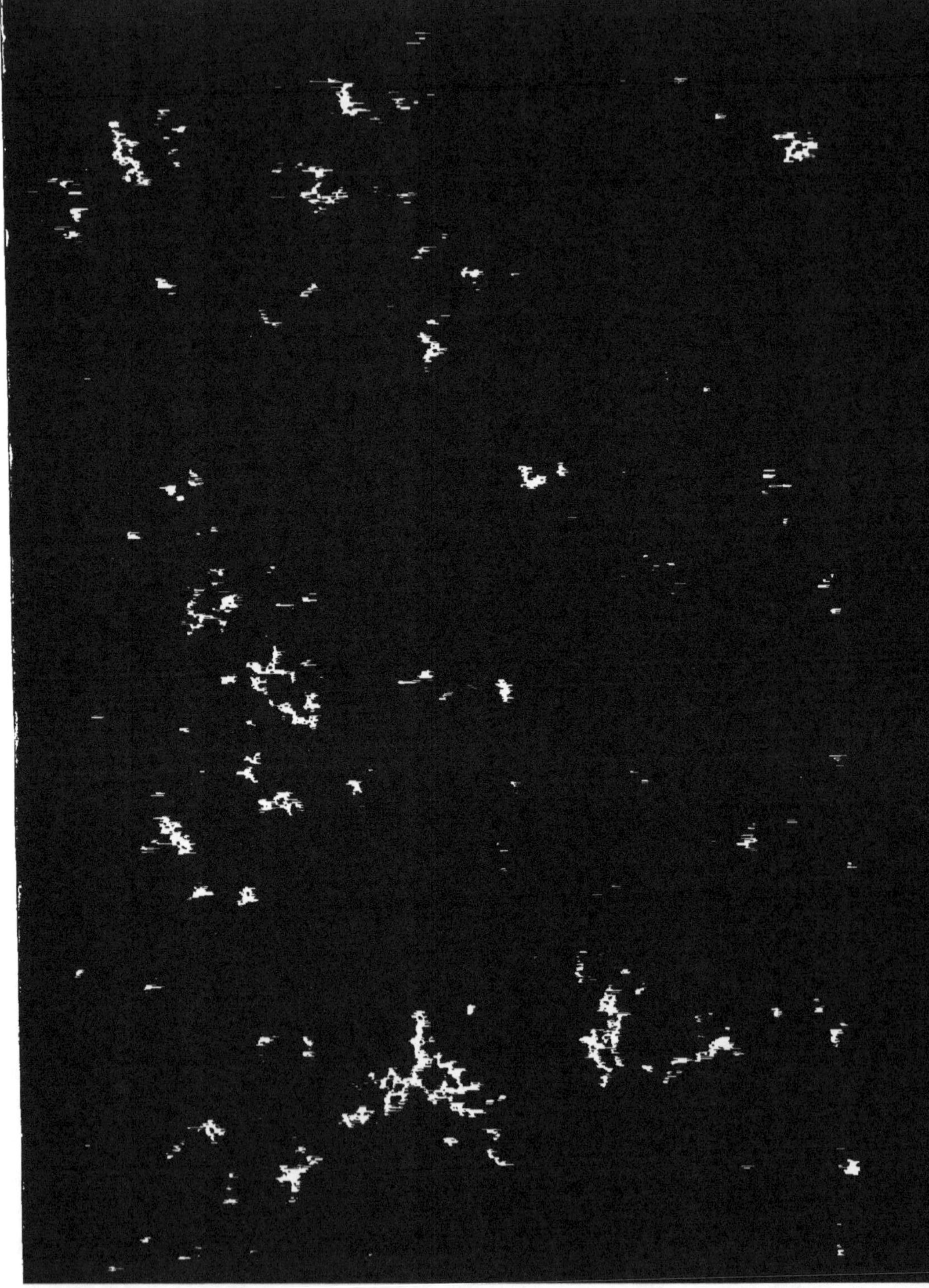

www.ingramcontent.com/pod-product-compliance
Lightning Source LLC
LaVergne TN
LVHW010051230826
846091LV00005B/1915

9782012460225